JN261871

中国語
スピーキング

市瀬智紀
程艶春

听一听 说一说

SANSHUSHA

はじめに

　旅先ではじめて外国語を使ってみて、通じたときの喜び！　経験された方もたくさんいらっしゃるのではないでしょうか。「ショップでちょっとしたお土産を買ってみる」「レストランでスイーツを注文する」ことから、「サイズのあったチャイナドレスを買う」「列車の切符を手に入れて小旅行に出る」まで、いろいろな場面で中国語を使ってみて、中国の人から返事が返ってきたとしたら、本当にうれしいですよね。

　この本の会話は、中国語圏を旅したりステイしたりする際に遭遇するさまざまな場面で構成されています。

　会話は、どれも短くて応用が効くフレーズで構成されており、実際に取材してみて必ず使われるものばかりを選んでいます。

　たくさんのイラストを用いて、それぞれの場面をイメージしやすくし、臨場感を出しました。イラストを見ながら何度も繰り返しフレーズを発音して、身につけてください。

　もちろんCDはネイティブ・スピーカーによる吹き込みです。電車や車の中、あるいは寝る前に繰り返しCDを聴いてみてください。CDの会話に耳を傾け、何を言っているのかを聴いたあとで、自分から話す練習（スピーキング練習）をしてみましょう。この練習を通して、リスニング力とスピーキング力が両方高められるはずです。

　本書は、実際の会話場面中心の構成ですが、文法も勉強できるように構文を厳選してあります。初めて学ぶ人も、基礎を学習したことのある人も、本書を利用しながら、系統的に中国語を学習することができます。

　中国語は、世界で使用人口の最も多い言語です。世界の5分の1の人は中国語を話します。中国語は世界でもっとも必要度の高い言語といえるでしょう。北京や上海や大連、香港や台北、そしてシンガポールは、世界の先端を行くおしゃれな街です。本書を片手に旅をしたりショートステイを楽しんでみたりしてください。現地には上手に中国語を話し、中国語を使って活躍している日本のビジネスマンやビジネスウーマンもたくさんいますね。ぜひみなさんも、中国語の世界に踏み出してください。

　本書は『ドイツ語スピーキング』（三宅恭子、ミヒャエラ・コッホ共著）のコンセプトをもとに作製されています。三宅恭子氏、ミヒャエラ・コッホ氏に感謝の意を表します。

著　者

目　次

本書の構成と使い方　6
あいさつ表現　12

CHAPTER 1（第1章）　机场　空港　13

1　坐飞机　　　飛行機に乗る（その1）　14
2　坐飞机　　　飛行機に乗る（その2）　20
3　入境　　　　入国審査　26
4　登机手续　　チェックインカウンター　32
5　安全检查　　安全検査　38
　绘画单词　空港　44

CHAPTER 2（第2章）　宾馆　ホテル　47

1　电话预订　　電話予約　48
2　住宿登记　　ホテルにチェックイン　54
3　退房　　　　ホテルをチェックアウト　60
　绘画单词　ホテル　66

CHAPTER 3（第3章）　交通工具　交通手段　67

1　出租汽车　　タクシー　68
2　铁路　　　　鉄道　74
3　长途汽车　　長距離バス　80
　绘画单词　鉄道駅　86

CHAPTER 4（第4章）　餐厅　レストラン　87

1　看菜单　　　メニューを選ぶ　88
2　点菜　　　　料理の注文　94
　绘画单词　調理方法／メニュー　100

CHAPTER 5 (第5章)　买东西　ショッピング · · · · · 101

1 讨价还价　値引き交渉 · · · · · 102
2 选衣服　服を選ぶ · · · · · 108
　绘画单词　マーケット・市場 · · · · · 114

CHAPTER 6 (第6章)　在街上　街(1) · · · · · 115

1 问路　道を聞く · · · · · 116
2 旅游胜地　観光地 · · · · · 122
3 银行　銀行 · · · · · 128
　绘画单词　街 · · · · · 134

CHAPTER 7 (第7章)　在街上　街(2) · · · · · 135

1 医院　病院 · · · · · 136
2 按摩　マッサージ · · · · · 142
　绘画单词　身体 · · · · · 150

CHAPTER 8 (第8章)　交往　人と会う · · · · · 151

1 家庭访问　ホームステイ · · · · · 152
2 宴席　宴席 · · · · · 158
　绘画单词　家庭 · · · · · 164

付録
中国語の基本文法 (GRAMMAR) · · · · · 165

本書の構成と使い方

　本章は 8 つの CHAPTER（章）に分かれています。中国語圏を旅したり、ステイしたりする際に遭遇する様々な場面をテーマにして構成されており、それぞれの CHAPTER（章）は、さらに 2 つ〜 5 つの SCENE（場面）に分かれています。

CHAPTER 1（第 1 章）	机场	空港
CHAPTER 2（第 2 章）	宾馆	ホテル
CHAPTER 3（第 3 章）	交通工具	交通手段

> 1　出租汽车　タクシー
> 2　铁路　　　鉄道
> 3　长途汽车　長距離バス

CHAPTER 4（第 4 章）	餐厅	レストラン
CHAPTER 5（第 5 章）	买东西	ショッピング
CHAPTER 6（第 6 章）	在街上	街 (1)
CHAPTER 7（第 7 章）	在街上	街 (2)
CHAPTER 8（第 8 章）	交往	交流する

　全 SCENE（場面）の会話はイラストで表示されており、イラストを見ることにより、情景をイメージしながら学習できるよう工夫しました。一場面は 6 ページの見開き構成で、SCENE（場面）1、SCENE（場面）2、訳と表現 & 情報コーナーの 3 つの部分からなっています。

北京オリンピックスタジアム

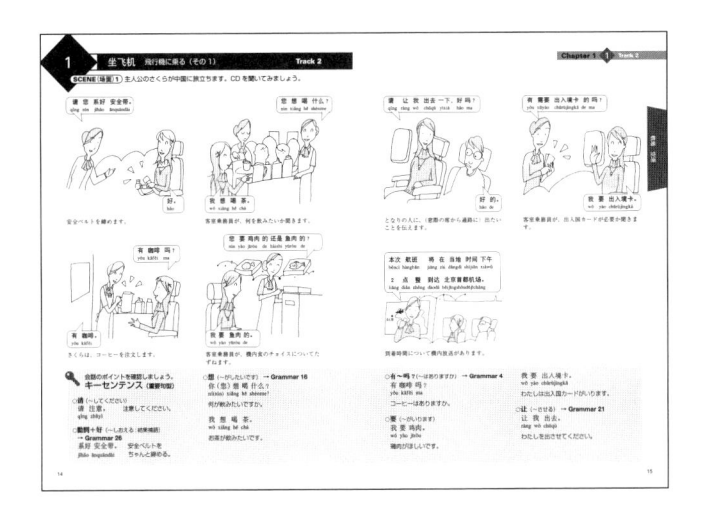

SCENE（場面）1にはイラストと全テキストが記載されています。テキストを見ながら会話の流れを理解するとともに、CD を繰り返し聞き、シャドーイングを行うことにより、スピーキングの練習もできるようになっています。特に重要なフレーズや文は「キーセンテンス」のコーナーを見ながら重点的に学習できるようにしました。内容の確認がしたい場合には SCENE（場面）の 5 ページ目にある日本語訳を見てください。

シャドーイングとは？

　シャドーイング (SHADOWING) とは、影 (SHADOW) のように音声を追いかけるという意味で、聴こえてくる音声をほぼ同時に口頭で繰り返す練習法です。

　CD の音声をそっくりそのまま真似するように心がけましょう。そっくりそのまま真似をすることによって、ネイティブの音声のリズムやイントネーション、区切りやポーズの置き方も学習します。だいたい 0.5 秒くらいあとを追う感じで行ってください。

　まずは文章を見ながらシャドーイングを行います。言いにくい部分やつっかえてしまう部分は繰り返し練習し、CD と同じスピードで音読できるようにしましょう。次に文章を見ないでシャドーイングを行います。CD の音声を完璧にシャドーイングができるようになるまで何度も繰り返し練習しましょう。

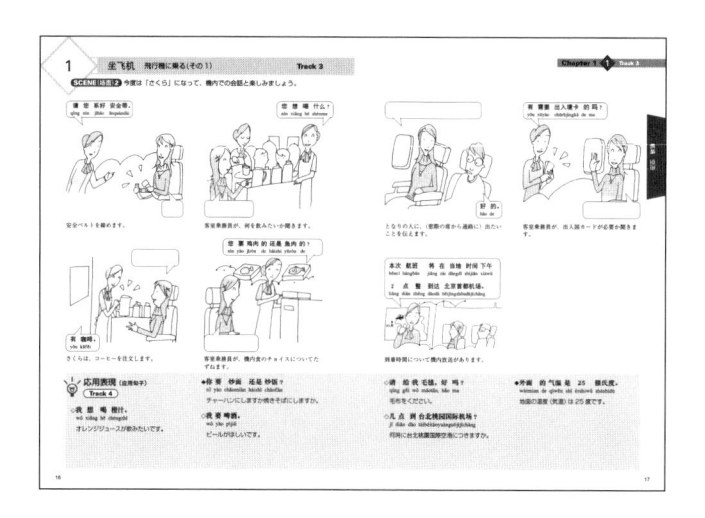

SCENE（場面）2はSCENE（場面）1と全く同じ場面・会話・イラストですが、主人公の「さくら」（女性）のセリフが空欄になっています。CDの方もその箇所はポーズになっているので、役になりきって、実際の場面をイメージしながらスピーキングの練習をしてみましょう。部屋の中だけでなく、車や電車の中でもCDを聴いて、繰り返し練習をしてください。

　テキストで使用した表現以外にも、各場面で使用されることが多いフレーズや文については**応用表現（応用句型）**コーナーにまとめてあります。CDのポーズの部分を応用表現のフレーズを用いたり、自分の表現でいってみたりすれば、さらにスピーキング力の強化につながります。

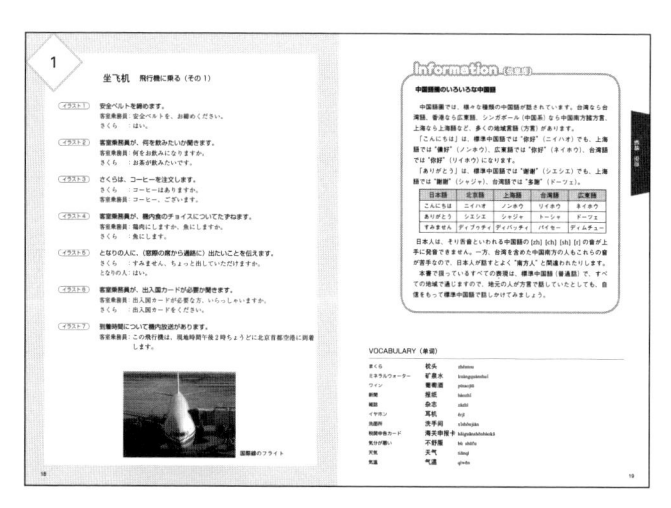

各場面の背景知識として役立つ情報が **INFORMATION（信息库）** にまとめてあります。中国語圏の文化や習慣に関する豆知識は、背景知識として会話の理解につながります。
　テキスト以外の単語で、各場面に必要な単語は **VOCABULARY（单词）** としてリストアップしてあります。語彙力を広げて、その語彙を用いて SCENE（場面）2 の応用練習をしてもいいでしょう。

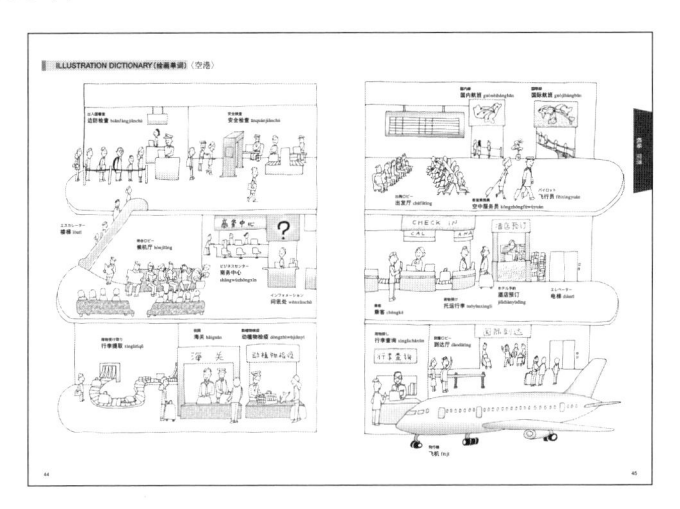

　各章の終わりには特に重要であると思われる単語を **ILLUSTRATION DICTIONARY（绘画单词）** として表示しました。文字によってのみ単語を学習するよりも、絵と文字の両方で単語を学習したほうがよく記憶できるそうです。イラストを楽しみながら、語彙力の強化に役立ててください。

　本書の最後には、中国語の基本的な文法事項が **GRAMMAR（语法）** としてわかりやすくまとめてあります。SCENE（場面）のキーセンテンスと番号で対照してありますから、必要に応じて各場面で使われる文法を再確認すると、会話の流れの理解が深まります。
　さて、先に述べたように、この本の会話は、どれも短くて応用が効く決め台詞というべきフレーズで構成されています。これらの会話を使って話しかけたときに、相手の言うことは必ずしも聞き取れないかもしれません。しかし、会話の場面では、相手の言ってくることは決まったパターンの範囲の中で行われることが多いです。したがって、相手の話が聞き取れないとしても、言ってくることを予測して、あせらずに自分から次の展開につながるキーワードやフレーズを口に出してみましょう。こうして会話が前にすすみ、コミュニケーションがつながります。その意味で、これから行う SCENE（場面）中心の会話学習は、大変効果的な学習方法といえるでしょう。

使い方例

SCENE（場面）1

イメージする
SCENE（場面）1のイラストを眺め、どんな場面なのか想像してみましょう。このとき、テキストは読まないでください。

流れをつかむ
各SCENE（場面）1の紹介を読み、会話の目標を理解しましょう。

CDを聴く
まずはテキストを見ないでCDを聴きます。訳はSCENE（場面）2の後に掲載してありますが、なるべく見ないでチャレンジしてみましょう。

キーセンテンスをみる
キーセンテンスを見ながら、重要表現を学びます。

印をつける
キーセンテンスで学習したフレーズや言葉に印をつけます。文の構造がわからなければ、巻末の「中国語の基本文法」を参照しましょう。

発音する
CDを手本に繰り返し発音しましょう。上手に発音できるようになったらシャドーイングをします。CDの音声を完璧にシャドーイングできるようになるまで、何度も繰り返し練習しましょう。

見ないで発音する
今度はテキストを見ないで発音してみましょう。

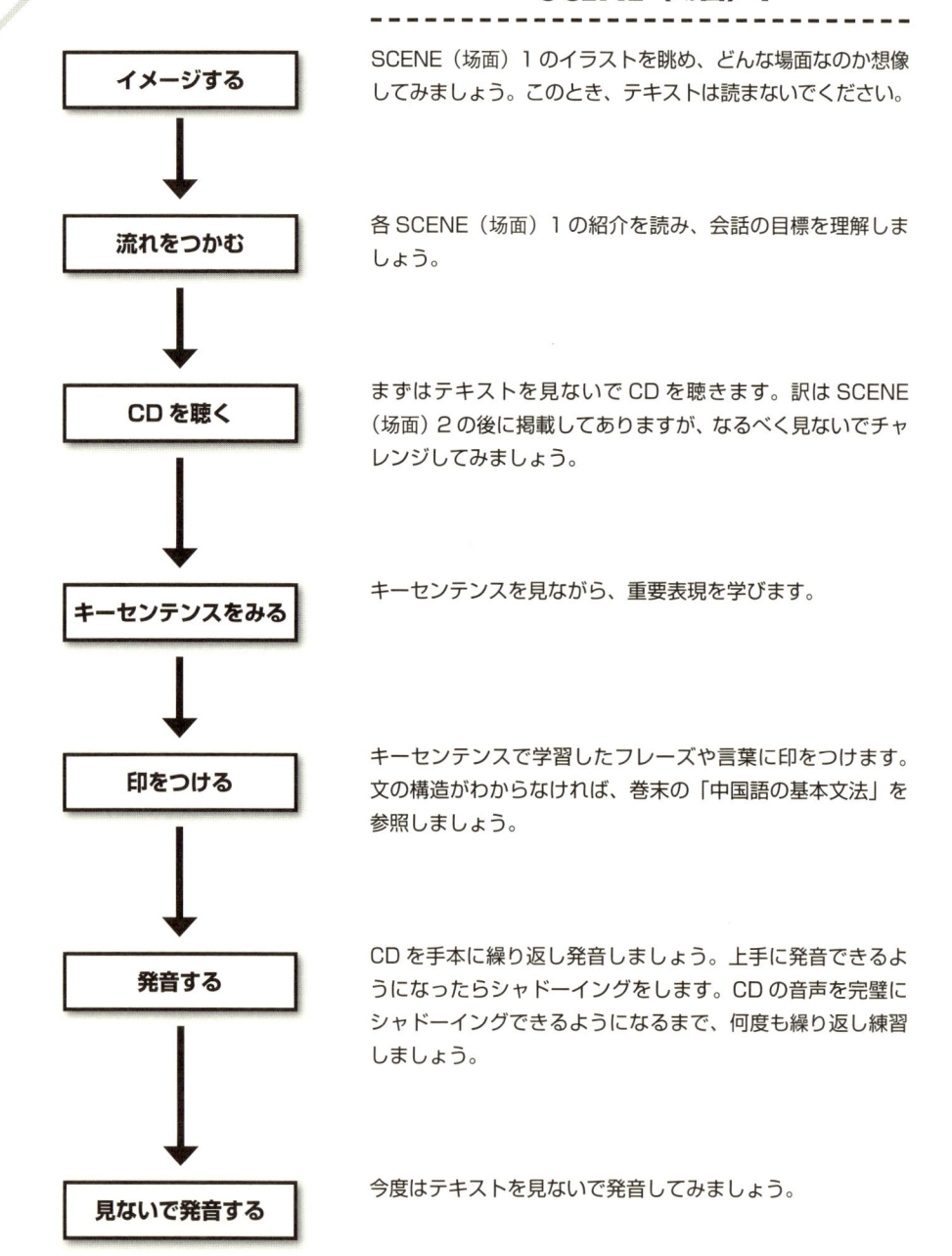

SCENE（場面）2

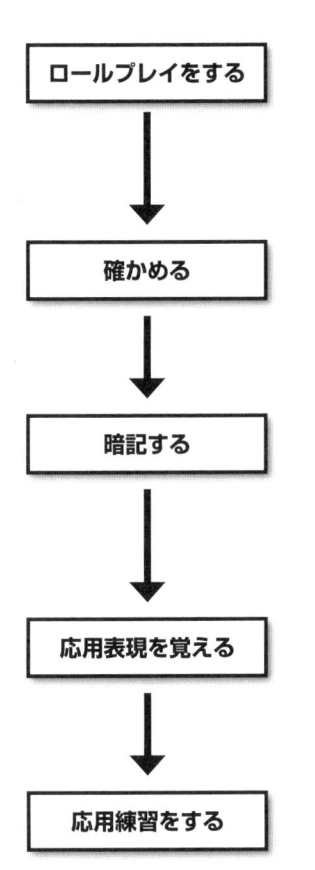

ロールプレイをする

CDを聴きながら、ブランクになっている箇所のさくらや登場人物のセリフを話してみましょう。テキストで空欄の箇所はCDでもポーズになっています。

確かめる

ブランクになっている箇所のセリフがわからなければ、SCENE（場面）1にもどって確認しましょう。

暗記する

さくらや登場人物のセリフを暗記しましょう。ブランクになっている箇所のさくらのセリフを、書いたり消したりして活用しましょう。

応用表現を覚える

応用表現（応用句型）を読んで、表現の幅を広げましょう。

応用練習をする

CDを聴きながら、空欄の箇所に応用表現（応用句型）を入れたり、VOCABULARY（単词）を入れ替えたりして、オリジナルの文章でスピーキングしてみましょう。

外灘の街（上海）

あいさつ表現　Track 1

まずはウォーミングアップです。あいさつなど基本表現を発音してみましょう。

おはよう。 早上 好。 zǎoshang hǎo	こんにちは。 你 好。 nǐ hǎo	こんばんは。 晚上 好。 wǎnshang hǎo	さようなら。 再见。 zàijiàn
ありがとう。 谢谢。 xièxie	ごめんなさい。 对不起。 duìbuqǐ	だいじょうぶです。 没 关系。 méi guānxi	どうぞ（人にすすめる） 请。 qǐng
すみません、ちょっと… （お店で男の人に） 喂，先生！ wéi xiānsheng	すみません、ちょっと… （お店で女の人に） 喂，服务员！ wéi fúwùyuán	いります。 我 要。 wǒ yào	いりません。 我 不 要。 wǒ bú yào
そうです。 对。 duì	ちがいます。 不 对。 bú duì	いいです。 好。 hǎo	わかりません。 我 不 明白。 wǒ bù míngbai

Chapter 1 (第1章)

Track 2-16

机场　　　　　　　　　　　　　　　空港

---

1. 坐飞机　　　　飛行機に乗る（その1）
2. 坐飞机　　　　飛行機に乗る（その2）
3. 入境　　　　　入国審査
4. 登机手续　　　チェックインカウンター
5. 安全检查　　　安全検査

1 坐飞机　飞行機に乗る（その1）

Track 2

SCENE（场面）1 主人公のさくらが中国に旅立ちます。CDを聞いてみましょう。

请您系好安全带。
qǐng nín jìhǎo ānquándài

好。
hǎo

安全ベルトを締めます。

您想喝什么？
nín xiǎng hē shénme

我想喝茶。
wǒ xiǎng hē chá

客室乗務員が、何を飲みたいか聞きます。

有咖啡吗？
yǒu kāfēi ma

有咖啡。
yǒu kāfēi

さくらは、コーヒーを注文します。

您要鸡肉的还是鱼肉的？
nín yào jīròu de háishi yúròu de

我要鱼肉的。
wǒ yào yúròu de

客室乗務員が、機内食のチョイスについてたずねます。

🔑 会話のポイントを確認しましょう。
キーセンテンス（重要句型）

○**请**（〜してください）
　请 注意。　　注意してください。
　qǐng zhùyì

○**動詞＋好**（〜しおえる：結果補語）
　→ Grammar 26
　系好 安全带。　安全ベルトを
　jìhǎo ānquándài　ちゃんと締める。

○**想**（〜がしたいです）→ Grammar 16
　你(您) 想 喝 什么？
　nǐ(nín) xiǎng hē shénme?
　何が飲みたいですか。

　我 想 喝 茶。
　wǒ xiǎng hē chá
　お茶が飲みたいです。

Chapter 1 — 1 — Track 2

请 让 我 出去 一下，好 吗？
qǐng ràng wǒ chūqù yíxià hǎo ma

好 的。
hǎo de

となりの人に、（窓際の席から通路に）出たいことを伝えます。

有 需要 出入境卡 的 吗？
yǒu xūyào chūrùjìngkǎ de ma

我 要 出入境卡。
wǒ yào chūrùjìngkǎ

客室乗務員が、出入国カードが必要か聞きます。

本次 航班 将 在 当地 时间 下午
běncì hángbān jiāng zài dāngdì shíjiān xiàwǔ
2 点 整 到达 北京首都机场。
liǎng diǎn zhěng dàodá běijīngshǒudūjīchǎng

到着時間について機内放送があります。

○**有～吗？**（～はありますか）→ **Grammar 4**
有 咖啡 吗？
yǒu kāfēi ma
コーヒーはありますか。

○**要**（～がいります）
我 要 鸡肉。
wǒ yào jīròu
鶏肉がほしいです。

我 要 出入境卡。
wǒ yào chūrùjìngkǎ
わたしは出入国カードがいります。

○**让**（～させる）→ **Grammar 21**
让 我 出去。
ràng wǒ chūqù
わたしを出させてください。

机场　空港

1 坐飞机　飛行機に乗る（その1）

Track 3

SCENE(場面)2 今度は「さくら」になって、機内での会話と楽しみましょう。

请 您 系好 安全带。
qǐng nín jìhǎo ānquándài

您 想 喝 什么？
nín xiǎng hē shénme

安全ベルトを締めます。

客室乗務員が、何を飲みたいか聞きます。

您 要 鸡肉 的 还是 鱼肉 的？
nín yào jīròu de háishi yúròu de

有 咖啡。
yǒu kāfēi

さくらは、コーヒーを注文します。

客室乗務員が、機内食のチョイスについてたずねます。

应用表现（应用句子）

Track 4

◇**我 想 喝 橙汁。**
wǒ xiǎng hē chéngzhī

オレンジジュースが飲みたいです。

◆**你 要 炒面 还是 炒饭？**
nǐ yào chǎomiàn háishì chǎofàn

チャーハンにしますか焼きそばにしますか。

◇**我 要 啤酒。**
wǒ yào píjiǔ

ビールがほしいです。

有 需要 出入境卡 的 吗？
yǒu xūyào chūrùjìngkǎ de ma

好 的。
hǎo de

となりの人に、（窓際の席から通路に）出たいことを伝えます。

客室乗務員が、出入国カードが必要か聞きます。

本次 航班 将 在 当地 时间 下午
běncì hángbān jiāng zài dāngdì shíjiān xiàwǔ
2 点 整 到达 北京首都机场。
liǎng diǎn zhěng dàodá běijīngshǒudūjīchǎng

到着時間について機内放送があります。

◇请 给我 毛毯, 好 吗？
qǐng gěi wǒ máotǎn, hǎo ma
毛布をください。

◇几 点 到 台北桃园国际机场？
jǐ diǎn dào táiběitáoyuánguójìjīchǎng
何時に台北桃園国際空港につきますか。

◆外面 的 气温 是 25 摄氏度。
wàimian de qìwēn shì èrshiwǔ shèshìdù
地面の温度（気温）は25度です。

1

坐飞机　飛行機に乗る（その1）

(イラスト1)　安全ベルトを締めます。
　　　　　　客室乗務員：安全ベルトを、お締めください。
　　　　　　さくら　　：はい。

(イラスト2)　客室乗務員が、何を飲みたいか聞きます。
　　　　　　客室乗務員：何をお飲みになりますか。
　　　　　　さくら　　：お茶が飲みたいです。

(イラスト3)　さくらは、コーヒーを注文します。
　　　　　　さくら　　：コーヒーはありますか。
　　　　　　客室乗務員：コーヒー、ございます。

(イラスト4)　客室乗務員が、機内食のチョイスについてたずねます。
　　　　　　客室乗務員：鶏肉にしますか、魚にしますか。
　　　　　　さくら　　：魚にします。

(イラスト5)　となりの人に、（窓際の席から通路に）出たいことを伝えます。
　　　　　　さくら　　：すみません、ちょっと出していただけますか。
　　　　　　となりの人：はい。

(イラスト6)　客室乗務員が、出入国カードが必要か聞きます。
　　　　　　客室乗務員：出入国カードが必要な方、いらっしゃいますか。
　　　　　　さくら　　：出入国カードをください。

(イラスト7)　到着時間について機内放送があります。
　　　　　　客室乗務員：この飛行機は、現地時間午後2時ちょうどに北京首都空港に到着
　　　　　　　　　　　　します。

国際線のフライト

Information (信息库)

中国語圏のいろいろな中国語

　中国語圏では、様々な種類の中国語が話されています。台湾なら台湾語、香港なら広東語、シンガポール（中国系）なら中国南方諸方言、上海なら上海語など、多くの地域言語（方言）があります。

　「こんにちは」は、標準中国語では"你好"（ニイハオ）でも、上海語では"儂好"（ノンホウ）、広東語では"你好"（ネイホウ）、台湾語では"你好"（リイホウ）になります。

　「ありがとう」は、標準中国語では"谢谢"（シエシエ）でも、上海語では"謝謝"（シャジャ）、台湾語では"多謝"（ドーツェ）。

日本語	北京語	上海語	台湾語	広東語
こんにちは	ニイハオ	ノンホウ	リイホウ	ネイホウ
ありがとう	シエシエ	シャジャ	トーシャ	ドーツェ
すみません	ディブチィ	ディバッチィ	パイセー	ディムチュー

　日本人は、そり舌音といわれる中国語の [zh] [ch] [sh] [r] の音が上手に発音できません。一方、台湾を含めた中国南方の人もこれらの音が苦手なので、日本人が話すとよく"南方人"と間違われたりします。

　本書で扱っているすべての表現は、標準中国語（普通話）で、すべての地域で通じますので、地元の人が方言で話していたとしても、自信をもって標準中国語で話しかけてみましょう。

VOCABULARY（単词）

まくら	枕头	zhěntou
ミネラルウォーター	矿泉水	kuàngquánshuǐ
ワイン	葡萄酒	pútaojiǔ
新聞	报纸	bàozhǐ
雑誌	杂志	zázhì
イヤホン	耳机	ěrjī
洗面所	洗手间	xǐshǒujiān
税関申告カード	海关申报卡	hǎiguānshēnbàokǎ
気分が悪い	不舒服	bù shūfu
天気	天气	tiānqì
気温	气温	qìwēn

2 坐飞机　飛行機に乗る（その2）

Track 5

SCENE（場面）1 飛行機の機内でとなりの席の人との会話を楽しみましょう。

请问，你是日本人吗？
qǐngwèn nǐ shì rìběnrén ma

是，我是日本人。
shì wǒ shì rìběnrén

日本人かどうか聞かれます。

你会说汉语吗？
nǐ huì shuō hànyǔ ma

我只会说一点儿。
wǒ zhǐ huì shuō yìdiǎnr

中国語が話せるかどうか聞かれます。

你说得很好。
nǐ shuō de hěn hǎo

哪里　哪里。
nǎli nǎli

さくらの中国語が、ほめられます。

学习汉语难吗？
xuéxí hànyǔ nán ma

很难。
hěn nán

中国語は難しいか聞かれます。

会話のポイントを確認しましょう。
キーセンテンス（重要句型）

○**是**（は～です）→ **Grammar 2**
我是日本人。　　わたしは
wǒ shì rìběnrén　　日本人です。

你是日本人吗？　あなたは
nǐ shì rìběnrén ma　日本人ですか。

○**会**（～ができる）→ **Grammar 16**
你会说汉语吗？　中国語が話せますか。
nǐ huì shuō hànyǔ ma

我会说一点儿。　ちょっと話せます。
wǒ huì shuō yìdiǎnr

○**得**（物事の程度をあらわす）→ **Grammar 20**
你说得很好。
nǐ shuō de hěn hǎo

あなたは上手に話しますね。

Chapter 1 ❷ Track 5

这次 你 要 去 哪儿？
zhècì nǐ yào qù nǎr

我 要 去 上海。
wǒ yào qù shànghǎi

どこに行くのかたずねられます。

你 住在 哪里？
nǐ zhùzài nǎli

我 住在 上海。
wǒ zhùzài shànghǎi

となりの席の人が上海に住んでいると言います。

你 好好儿 学习 汉语 吧！
nǐ hǎohāor xuéxí hànyǔ ba

谢谢。
xièxie

さくらは中国語について励まされます。

机场 空港

○形容詞の文 → Grammar 5

汉语 很 难。
hànyǔ hěn nán

中国語は難しいです。

学习 汉语 难。
xuéxí hànyǔ nán

中国語を勉強することは難しいです。

○哪里（どこ）→ Grammar 8

你 住在 哪里？　　どこに住んでいますか。
nǐ zhùzài nǎli

我 住在 上海。　　上海に住んでいます。
wǒ zhùzài shànghǎi

○这次（今回）

这次 你 去 哪儿？　今回はどこに
zhècì nǐ qù nǎr 　　行きますか。

2 坐飞机 飛行機に乗る(その2) Track 6

SCENE(场面)2 今度はさくらになって、となりの人と話してみましょう。

请问，你是日本人吗？
qǐngwèn nǐ shì rìběnrén ma

日本人かどうか聞かれます。

你会说汉语吗？
nǐ huì shuō hànyǔ ma

中国語が話せるかどうか聞かれます。

你说得很好。
nǐ shuō de hěn hǎo

さくらの中国語が、ほめられます。

学习汉语难吗？
xuéxí hànyǔ nán ma

中国語は難しいか聞かれます。

应用表现 (应用句子)
Track 7

◆你是中国人(台湾人/香港人/新加坡人)吗？
nǐ shì zhōngguórén (táiwānrén/xiānggǎngrén/xīnjiāpōrén) ma
中国(台湾/香港/シンガポール)の方ですか。

◇你会说日语吗？
nǐ huì shuō rìyǔ ma
日本語が話せますか？

◇我不会说汉语。
wǒ bú huì shuō hànyǔ
わたしは中国語が話せません。

Chapter 1 — 2 — Track 6

这次 你 要 去 哪儿？
zhècì nǐ yào qù nǎr

どこに行くのかたずねられます。

我 住在 上海。
wǒ zhùzài shànghǎi

となりの席の人が上海に住んでいると言います。

你 好好儿 学习 汉语 吧！
nǐ hǎohāor xuéxí hànyǔ ba

さくらは中国語について励まされます。

◆ 你 中文 说 得 很 好。
nǐ zhōngwén shuō de hěn hǎo

あなたは中国が上手に話せますね。

◇ 学习 汉语 不 难。
xuéxí hànyǔ bù nán

中国語の勉強は難しくありません。

◇ 我 要 去 北京（台北 / 香港 / 新加坡）。
wǒ yào qù běijīng (táiběi/xiānggǎng/xīnjiāpō)

わたしは北京（台北 / 香港 / シンガポール）に行くところです。

◇ 我 住 在 横滨。
wǒ zhù zài héngbīn

わたしは横浜に住んでいます。

2

坐飞机　飛行機に乗る（その2）

- **イラスト1**　日本人かどうか聞かれます。
  - となりの人　：すみませんが、日本の方ですか。
  - さくら　　　：はい。わたしは日本人です。

- **イラスト2**　中国語が話せるかどうか聞かれます。
  - となりの人　：中国語が話せますか。
  - さくら　　　：少し話せるだけです。

- **イラスト3**　さくらの中国語が、ほめられます。
  - となりの人　：お上手じゃないですか。
  - さくら　　　：いえいえ。

- **イラスト4**　中国語は難しいか聞かれます。
  - となりの人　：中国語は難しいですか。
  - さくら　　　：とても難しいです。

- **イラスト5**　どこに行くのかたずねられます。
  - となりの人　：今回は、どちらに行かれるのですか。
  - さくら　　　：上海です。

- **イラスト6**　となりの席の人が上海に住んでいると言います。
  - さくら　　　：どちらにお住まいですか
  - となりの人　：わたしは上海に住んでいるんですよ。

- **イラスト7**　さくらは中国語について励まされます。
  - となりの人　：中国語の勉強、がんばってください！
  - さくら　　　：ありがとうございます。

上海の朝

Information 《信息庫》

中国語圏の漢字と外来語

中国語圏の中では、発音の違いだけではなく、漢字にも違いがあります。中国大陸とシンガポールでは、簡体字といわれる比較的簡略化された漢字を使いますが、台湾や香港では、最も字画の多い繁体字が使用されています。

〔簡体字〕　　　〔日本漢字〕　　　〔繁体字〕
　　与　　⇔　　　与　　⇔　　　與
　　变　　⇔　　　変　　⇔　　　變
　　办　　⇔　　　弁　　⇔　　　辦

簡体字は日本の漢字よりも少し易しく、反対に繁体字は、日本の漢字よりも難しくなっています。日本人は、少し練習をするだけで、簡体字も繁体字も理解できるようになるでしょう。

また、中国語圏では、漢字の音を組み合わせて、外来語を表します。

　　罗森　　luósēn　　　　LAWSON　　　　（ローソン：企業名）
　　索尼　　suǒní　　　　 SONY　　　　　（ソニー：企業名）
　　汉堡包　hànbǎobāo　　hamburger　　　（ハンバーガー：名詞）
　　华盛顿　huáshèngdùn　Washington　　 （ワシントン：地名・人名）
　　肯德鸡　kěndéjī　　　KENTUCKY FRIED CHICKEN
　　　　　　　　　　　　　　　　　　　　（ケンタッキーフライドチキン：企業名）

街中の看板や表示を眺めて、なんのことか推測するのも中国語圏ならではの楽しみですね。

机场　空港

VOCABULARY（単語）

聞く	听	tīng
話す	说	shuō
読む	读	dú
書く	写	xiě
日本語	日本语	rìběnyǔ
中国語	中国语	zhōngguóyǔ
英語	英语	yīngyǔ
発音	发音	fāyīn
漢字	汉字	hànzì
東京	东京	dōngjīng
大阪	大阪	dàbǎn
住所	地址	dìzhǐ
電話番号	电话号码	diànhuàhàomǎ
メールアドレス	网址	wǎngzhǐ

3 入境　入国審査

Track 8

SCENE（场面）1 空港についたあと、入国審査に入ります。

请 您 出示 护照。
qǐng nín chūshì hùzhào

好。这 是 护照。
hǎo zhè shì hùzhào

審査官が、パスポートを見せるようにいいます。

这次 来 的 目的 是 什么？
zhècì lái de mùdì shì shénme

旅游。
lǚyóu

審査官は、入国の目的についてたずねます。

您 打算 待 几 天？
nín dǎsuan dāi jǐ tiān?

十三 天。
shísān tiān

審査官は、滞在日数についてたずねます。

您 打算 住在 哪儿？
nín dǎsuan zhùzài nǎr

我 打算 住在 宾馆。
wǒ dǎsuàn zhùzài bīnguǎn

審査官は、どこに滞在するのかたずねます。

🗝 会話のポイントを確認しましょう。
キーセンテンス（重要句型）

○**这是～**（これは～です）→ **Grammar 6**
这 是 护照。　これはパスポートです。
zhè shì hùzhào

○**什么**（なに）→ **Grammar 8**
目的 是 什么？　目的はなんですか。
mùdì shì shénme

○**打算～**（～するつもり）→ **Grammar 16**
您 打算 待 几 天？
nín dǎsuan dāi jǐ tiān

何日間滞在するつもりですか。

我 打算 住在 宾馆。
wǒ dǎsuan zhùzài bīnguǎn

ホテルに泊るつもりです。

Chapter 1 — 3 Track 8

您 坐 的 是 哪次 航班？
nín zuò de shì nǎcì hángbān

我 坐 的 是 全日空 955 航班。
wǒ zuò de shì quánrìkōng jiǔwǔwǔ hángbān

審査官は、どの飛行機に乗ったのかたずねます。

请 您 签 个 字 好 吗？
qǐng nín qiān ge zì hǎo ma

是 在 这儿 吗？
shì zài zhèr ma

出入国カードにサインを忘れていました。

可以 了。给 您 护照。
kěyǐ le gěi nín hùzhào

谢谢。
xièxie

審査が終了しました。

○ **的** （の：名詞をつくる） → **Grammar 7**
我 坐 的 是 全日空。
wǒ zuò de shì quánrìkōng
私が乗るのは全日空です。

○ **哪个** （どれ） → **Grammar 8**
哪个 航班？
nǎge hángbān
どの飛行機ですか。

○ **给** （あげる：動詞） → **Grammar 14**
给 你 零钱。
gěi nǐ língqián
お釣りをあげます。

3 入境 入国審査

Track 9

SCENE(场面) 2 今度はさくらになって、入国審査を受けましょう。

请 您 出示 护照。
qǐng nín chūshì hùzhào

審査官が、パスポートを見せるようにいいます。

这次 来 的 目的 是 什么？
zhècì lái de mùdì shì shénme

審査官は、入国の目的についてたずねます。

您 打算 待 几 天？
nín dǎsuan dāi jǐ tiān?

審査官は、滞在日数についてたずねます。

您 打算 住在 哪儿？
nín dǎsuan zhùzài nǎr

審査官は、どこに滞在するのかたずねます。

応用表現(应用句子)

Track 10

◇这次 来 的 目的 是 工作（进修）。
zhècì lái de mùdì shì gōngzuò (jìnxiū)

今回の来訪の目的は仕事（研修）です。

◆你 是 第 一 次 来 中国 吗？
nǐ shì dì yí cì lái zhōngguó ma

はじめて中国にいらっしゃったのですか。

◆你 的 国籍 是 什么？
nǐ de guójí shì shénme

あなたの国籍は何ですか。

Chapter 1 - 3 Track 9

您 坐 的 是 哪次 航班？
nín zuò de shì nǎcì hángbān

请 您 签 个 字 好 吗？
qǐng nín qiān ge zì hǎo ma

審査官は、どの飛行機に乗ったのかたずねます。

出入国カードにサインを忘れていました。

可以 了。给 您 护照。
kěyǐ le gěi nín hùzhào

審査が終了しました。

◇ **我 的 国籍 是 日本。**
wǒ de guójí shì rìběn

わたしの国籍は日本です。

◇ **我 打算 待 一 周。**
wǒ dǎsuan dāi yì zhōu

わたしは一週間滞在する予定です。

◇ **我 打算 住在 学生宿舍。**
wǒ dǎsuan zhùzài xuéshēngsùshè

わたしは学生宿舎に住むつもりです。

◇ **我 坐 的 是 国泰 450 航班。**
wǒ zuò de shì guótài sìwǔlíng hángbān

わたしが乗ったのはキャセイパシフィック450便です。

3

入境　入国審査

イラスト1　審査官が、パスポートを見せるようにいいます。
　　　　　審査官　：パスポートを見せてください。
　　　　　さくら　：はい。これがパスポートです。

イラスト2　審査官は、入国の目的についてたずねます。
　　　　　審査官　：入国目的はなんですか。
　　　　　さくら　：旅行です。

イラスト3　審査官は、滞在日数についてたずねます。
　　　　　審査官　：中国にどれだけ滞在する予定ですか。
　　　　　さくら　：13日間です。

イラスト4　審査官は、どこに滞在するのかたずねます。
　　　　　審査官　：どちらに滞在される予定ですか。
　　　　　さくら　：ホテルです。

イラスト5　審査官は、どの飛行機に乗ったのかたずねます。
　　　　　審査官　：どの飛行機に乗られましたか。
　　　　　さくら　：全日空955便です。

イラスト6　出入国カードにサインを忘れていました。
　　　　　審査官　：すみません、ここにサインしてください。
　　　　　さくら　：ここですね？

イラスト7　審査が終了しました。
　　　　　審査官　：よろしいです。パスポートです。
　　　　　さくら　：どうも。

北京空港内の表示

Information (信息库)

入国審査

　入国審査は、緊張する一瞬です。初めて外国に旅行される方には、不安に感じられると思いますが、旅行が目的で入国する場合、何もたずねられないことが多いです。旅行者に対しては、審査官が簡単な日本語を話すこともあります。空港で一番困るのは、むしろ出国時や乗り換え時の、安全検査の方かもしれません。とくに最近は、飛行機の機内持ち込み品について厳しい制限がありますので、しっかりと準備しておいてください。

　|日本出発|
　機　内：入国カードをもらい、税関や検疫の書類をつくる。
　|到　着|
　検　疫：健康調査の紙を渡すだけ。会話はない。
　入国審査：目的や滞在期間について質問される（やりとりは少ない）。
　手荷物受取り：ターンテーブルから荷物を受けとる。
　税　関：カバンの中身の検査。生鮮食料品や高価な電化製品などがチェックされる。
　|出　国（乗り換え）|
　チェックイン：荷物預け、座席の位置、航空会社のカードをもっているかなど聞かれる。
　手荷物検査：航空券を見せる。パソコンを鞄から出す。ベルトをはずす。靴を脱ぐなど。
　出国審査：滞在許可期間を過ぎていないか、パスポートのチェックを受ける。

VOCABULARY（単词）

生年月日	生日	shēngri		仕事	工作	gōngzuò
国籍	国籍	guójí		ビザ	签证	qiānzhèng
～歳	岁	suì		1週間	一周	yì zhōu
留学	留学	liúxué		1か月	一个月	yí ge yuè
学生	学生	xuésheng		1年	一年	yì nián
旅行	旅游	lǚyóu		航空券	机票	jīpiào
ビジネス	商务	shāngwù		フライト	航班	hángbān
会議	会议	huìyì				

4 登机手续　チェックインカウンター　Track 11

SCENE（场面）1 帰国時または乗り継ぎ時のチェックインカウンターのシーンです。

您好。
nín hǎo

请 给 我 看看 您 的 护照 和 预订单。
qǐng gěi wǒ kànkan nín de hùzhào hé yùdìngdān

好。这是护照 和 预订单。
hǎo zhè shì hùzhào hé yùdìngdān

グランドスタッフのところに行きます。

您 有 要 托运 的 行李 吗？
nín yǒu yào tuōyùn de xíngli ma

有。有 一 个 行李。
yǒu yǒu yí ge xíngli

グランドスタッフにトランクを預けます。

请 把 行李 放 在 这儿。
qǐng bǎ xíngli fàng zài zhèr

超重　了吗？
chāozhòng le ma

没 超重。
méi chāozhòng

グランドスタッフに重量オーバーしているかどうか聞きます。

那 是 手提物品 吗？
nà shì shǒutíwùpǐn ma

是 的。
shì de

機内持ち込み手荷物があるかどうか聞かれます。

会話のポイントを確認しましょう。
キーセンテンス（重要句型）

○**看看**（ちょっと～する：動詞の重ね型）
→ Grammar 24
请 给 我 看看。
qǐng gěi wǒ kànkan
ちょっと見せてください。

○**把**（～を）→ Grammar 14
请 把 行李 放 在 这儿。
qǐng bǎ xíngli fàng zài zhèr
荷物をこちらに載せてください。

○**没（有）**（ない）→ Grammar 3
行李 没（有）超重。
xíngli méi(yǒu) chāozhòng
荷物は重量オーバーしていません。

Chapter 1 — 4 Track 11

您 要 靠 通道 的 座位 还是 靠
nín yào kào tōngdào de zuòwèi háishi kào
窗户 的 座位。
chuānghu de zuòwèi

我 要 靠 通道 的 座位。
wǒ yào kào tōngdào de zuòwèi

グランドスタッフが席の位置の希望について
たずねます。

这 是 您 的 登机牌。
zhè shì nín de dēngjīpái

请 您 10 点 30 分 之 前，
qǐng nín shí diǎn sānshí fēn zhī qián,
到 第 18 号 登机口 登机。
dào dì shíbā hào dēngjīkǒu dēngjī

グランドスタッフがボーディングパスと集合
時間を確認します。

进 到 里面，有没有 换 钱 的 地方？
jìn dào lǐmiàn, yǒuméiyǒu huàn qián de dìfang?

有。里面 有 换 钱 的 地方。
yǒu lǐmiàn yǒu huàn qián de dìfang

さくらはお金を換えられるかどうかたずねます。

○**那是〜**（それは〜です）→ **Grammar 6**
那 是 手提物品 吗？
nà shì shǒutíwùpǐn ma
それは手荷物ですか。

这 是 你 的 登机牌。
zhè shì nǐ de dēngjīpái
これはあなたのボーディングパスです。

○**靠**（〜に近い）
靠 窗户　　窓際
kào chuānghu

○**有没有〜**（〜はありますか）
→ **Grammar 4**
有没有 换钱 的 地方？
yǒuméiyǒu huànqián de dìfang
お金を換えるところがありますか。

4 登机手续　チェックインカウンター　Track 12

SCENE(场面) 2 さくらになって、飛行機のチェックインを体験しましょう。

您好。
nín hǎo

请 给 我 看看 您的 护照 和 预订单。
qǐng gěi wǒ kànkan nín de hùzhào hé yùdìngdān

グランドスタッフのところに行きます。

您 有 要 托运 的 行李 吗？
nín yǒu yào tuōyùn de xíngli ma

グランドスタッフにトランクを預けます。

请 把 行李 放 在 这儿。
qǐng bǎ xíngli fàng zài zhèr

没 超重。
méi chāozhòng

グランドスタッフに重量オーバーしているかどうか聞きます。

那 是 手提物品 吗？
nà shì shǒutíwùpǐn ma

機内持ち込み手荷物があるかどうか聞かれます。

应用表现 (应用句子) Track 13

◇我 有 两 个 托运行李。
wǒ yǒu liǎng ge tuōyùnxíngli

わたしは預ける荷物が2つあります。

◆您 有 会员卡 吗？
nín yǒu huìyuánkǎ ma?

会員カードをもっていますか。

◆有 易碎物品 吗？
yǒu yìsuìwùpǐn ma

割れ物はありますか。

您要靠通道的座位还是靠
nín yào kào tōngdào de zuòwèi háishi kào
窗户的座位。
chuānghu de zuòwèi

グランドスタッフが席の位置の希望について
たずねます。

这是您的登机牌。
zhè shì nín de dēngjīpái

请您10点30分之前，
qǐng nín shí diǎn sānshí fēn zhī qián,
到第18号登机口登机。
dào dì shíbā hào dēngjīkǒu dēngjī

グランドスタッフがボーディングパスと集合
時間を確認します。

有。里面有换钱的地方。
yǒu. lǐmiàn yǒu huàn qián de dìfang

さくらはお金を換えられるかどうかたずねます。

◆行李超重了，您得交1000元
xíngli chāozhòng le nín děi jiāo yìqiān yuán
人民币。
rénmínbì

重量オーバーです。1000元払ってください。

◇我要靠窗户的座位。
wǒ yào kào chuānghu de zuòwèi

わたしは窓際の席がいいです。

◆这是您的行李牌。
zhè shì nín de xínglipái

これがあなたのクレイムタッグ（荷物引き換え票）です。

4 登机手续　チェックインカウンター

- (イラスト1)　グランドスタッフのところに行きます。
  - スタッフ　：こんにちは。
  - 　　　　　　パスポートと予約票を拝見できますか。
  - さくら　　：はい、これがパスポートと予約票です。

- (イラスト2)　グランドスタッフにトランクを預けます。
  - スタッフ　：お預けになるお荷物はございますか。
  - さくら　　：ええ、トランクが1つあります。

- (イラスト3)　グランドスタッフに重量オーバーしているかどうか聞きます。
  - スタッフ　：こちらに載せてください。
  - さくら　　：重量オーバーしていますか。
  - スタッフ　：していません。

- (イラスト4)　機内持ち込み手荷物があるかどうか聞かれます。
  - スタッフ　：そちらは手荷物ですか。
  - さくら　　：そうです。

- (イラスト5)　グランドスタッフが席の位置の希望についてたずねます。
  - スタッフ　：お座席は通路側と窓側のどちらがよろしいですか。
  - さくら　　：通路側をお願いします。

- (イラスト6)　グランドスタッフがボーディングパスと集合時間を確認します。
  - スタッフ　：これがボーディングパスです。
  - スタッフ　：10時30分までに18番搭乗ゲートにおこしください。

- (イラスト7)　さくらはお金が換えられるかどうかたずねます。
  - さくら　　：中に入ってから、お金を換えるところはありますか。
  - スタッフ　：あります。中でお金を換えられます。

Information（信息库）

中国旅行の「繁忙期」

　　北京、上海、台湾、香港、シンガポールで自由旅行をする場合、日本国内で全部手配ができればよいのでしょうが、必ずしもそうはいきません。現地で飛行機や、鉄道、バスのチケットを買うケースが出てきます。しかし、中国語圏は人口の多い地域です。国内で人々が移動する時期に、自由旅行をしようと思っても、チケットの手配ができず、予定した行動ができない場合が多くあります。たとえば、春節の場合には、それがはじまる3週間前から、鉄道の切符が手に入りにくくなります。切符が手に入らないと、旅行全体の予定に狂いが出て、帰国便に間に合わないこともあります。以下に交通手段が込み合う時期を書いておきます。

〔交通手段が込み合う時期〕
- 春：労働節の前後　　　　5月上旬
- 夏：学校の夏休み期間　　7月初旬～8月下旬
- 秋：国慶節の前後　　　　10月上旬
- 冬：春節の前後　　　　　1月中旬から～2月中旬

＊具体的な時期は、年によって変更があります。

VOCABULARY（単語）

日本語	中文	ピンイン
エコノミークラス	经济舱	jīngjìcāng
ファーストクラス	头等舱	tóuděngcāng
ビジネスクラス	公务舱	gōngwùcāng
ラウンジ	休息厅	xiūxitīng
免税品店	免税店	miǎnshuìdiàn
インフォメーション	问讯处	wènxùnchù
壊れやすい物	易碎品	yìsuìpǐn
搭乗（する）	登机	dēngjī
安全検査	安全检查	ānquánjiǎnchá
機内持ち込み手荷物	随身行李	suíshēnxíngli
預け入れ手荷物	托运行李	tuōyùnxíngli

5 安全检查 安全検査

Track 14

SCENE(场面)1 国内線に乗る、または出国するときの安全検査のシーンです。

您的包里有电脑吗？
nín de bāo lǐ yǒu diànnǎo ma

请把电脑拿出来。
qǐng bǎ diànnǎo náchulai

有。有电脑。
yǒu yǒu diànnǎo

这个化妆品能带进去吗？
zhège huàzhuāngpǐn néng dàijinqu ma

検査官にかばんにパソコンが入っているか、聞かれます。

さくらは化粧品が機内持ち込み可能か、聞きます。

这个化妆品不能带进去。
zhège huàzhuāngpǐn bù néng dàijinqu

因为是液体，不让带。
yīnwèi shì yètǐ búràngdài

为什么？
wèi shénme

那就算了。
nà jiù suànle

どうして化粧品が持ち込めないか、たずねます。

化粧品を持ち込むのをあきらめます。

会話のポイントを確認しましょう。
キーセンテンス（重要句型）

○**拿出来**（出してくる：方向補語）
→ Grammar 27
请把电脑拿出来。
qǐng bǎ diànnǎo náchulai
コンピュータを出してください。

○**带进去**（持って入る：方向補語）
→ Grammar 27・28
化妆品能带进去。
huàzhuāngpǐn néng dàijinqu
化粧品は持って入れます。

化妆品带不进去。
huàzhuāngpǐn dàbújìnqù
化粧品は持って入れません。

请 走 这边。
qǐng zǒu zhèbiān

请 您 举手。转过来。
qǐng nín jǔshǒu zhuànguòlai

您的 口袋 里 有 什么 东西 吗？
nín de kǒudài lǐ yǒu shénme dōngxi ma

口袋 里 有 硬币。
kǒudài lǐ yǒu yìngbì

金属探知機のところを通ります。

ポケットに何か入っています。

喂，喂 …
wèi wèi

您 忘 了 钱包 了。
nín wàng le qiánbāo le

哎哟，谢谢！
āiyō xièxie

さくらは忘れ物をして呼び止められます。

○ **为什么**（なぜ）→ **Grammar 8**
为 什么？どうしてですか。
wèi shenme

○ **因为～**（～だから）→ **Grammar 29**
因为 这 是 液体。
yīnwèi zhè shì yètǐ
これは液体だからです。

○ **转过来**（回ってくる：方向補語）
→ **Grammar 27**
请 你 举手 … 转过来。
qǐng nǐ jǔshǒu zhuànguòlai
手を挙げてください…回ってください。

○ **了**（～した）→ **Grammar 17**
您 忘 了 钱包 了。
nín wàng le qiánbāo le
財布を忘れましたよ。

5 安全检查　安全検査

SCENE（场面）2 さくらになって安全検査のシーンを体験します。

您的包里有电脑吗？
nín de bāo lǐ yǒu diànnǎo ma

请把电脑拿出来。
qǐng bǎ diànnǎo náchulai

検査官にかばんにパソコンが入っているか、聞かれます。

さくらは化粧品が機内持ち込み可能か、聞きます。

这个化妆品不能带进去。
zhège huàzhuāngpǐn bù néng dàijinqu

因为是液体，不让带。
yīnwèi shì yètǐ búràngdài

どうして化粧品が持ち込めないか、たずねます。

化粧品を持ち込むのをあきらめます。

应用表现 （应用句子）
Track 16

◇我的包里没有电脑。
wǒ de bāo lǐ méiyǒu diànnǎo

かばんにパソコンは入っていません。

◇这个饮料能带进去吗？
zhège yǐnliào néng dàijinqu ma

飲み物は持って入れますか。

◆打火机不能带进去。
dǎhuǒjī bù néng dàijinqu

ライターは持って入れません。

请 走 这边。
qǐng zǒu zhèbiān

请 您 举手。转过来。
qǐng nín jǔshǒu zhuànguòlai

您 的 口袋 里 有 什么 东西 吗？
nín de kǒudài lǐ yǒu shénme dōngxi ma

金属探知機のところを通ります。

ポケットに何か入っています。

喂，喂…
wèi wèi

您 忘 了 钱包 了。
nín wàng le qiánbāo le

さくらは忘れ物をして呼び止められます。

◆请 您 脱鞋。
　qǐng nín tuōxié
　靴を脱いでください。

◇口袋 里 有 手机。
　kǒudài lǐ yǒu shǒujī
　ポケットに携帯が入っています。

◆你 忘 了 护照 了。
　nǐ wàng le hùzhào le
　パスポートをお忘れですよ。

5 安全檢査　安全検査

- イラスト1　検査官にかばんにパソコンが入っているか、聞かれます。
  検査官　：かばんにパソコンが入っていますか。
  さくら　：はい、入っています。

- イラスト2　さくらは化粧品が機内持ち込み可能か、聞きます。
  検査官　：かばんからパソコンを出してください。
  さくら　：この化粧品は持ち込めますか。

- イラスト3　どうして化粧品が持ち込めないか、たずねます。
  検査官　：この化粧品は持ち込めません。
  さくら　：どうしてですか。

- イラスト4　化粧品を持ち込むのをあきらめます。
  検査官　：液体物だからです。
  さくら　：なら仕方ありませんね。

- イラスト5　金属探知機のところを通ります。
  検査官　：通ってください。
  　　　　　手を上げてください。まわってください。

- イラスト6　ポケットに何か入っています。
  検査官　：ポケットに、何かありませんか。
  さくら　：ポケットに硬貨が入っていました。

- イラスト7　さくらは忘れ物をして呼び止められます。
  検査官　：あのう…
  　　　　　さいふを忘れていますよ。
  さくら　：あっ、ありがとうございました。

Information (信息库)

中国語圏の空港

　東アジア・東南アジアの空港はいずれも巨大です。2時間前までに空港に行き、チェックインし、早めに出国審査や手荷物検査を済ませます。最近は手荷物検査が厳しいので行列している時間が長くなっています。出発の時刻が迫っている場合は、いらいらします。

　手荷物検査場を過ぎて免税品ショップのところまでいったとしても、免税品ショップから搭乗ゲートまでは遠いので、安心はできません。ターミナルが複数あり、それらのターミナルの間を電車で移動する場合もあります。まず、自分の搭乗ゲートまでのいき方と距離を確認し、指定された集合時間前までに搭乗ゲートのところで待っているようにしたいものです。

[中国語圏のおもな国際空港]

空港名	IATA 表記（略称）
北京首都国際空港	PEK
上海浦東国際空港	PVG
上海虹橋国際空港	SHA
香港国際空港	HKG
マカオ国際空港	MFM
台湾桃園国際空港	TPE
シンガポール・チャンギ国際空港	SIN

VOCABULARY（单词）

だめです	不行	bùxíng
いいです	行	xíng
大丈夫です	可以	kěyǐ
問題ありません	没问题	méi wèntí
ジャケット	茄克	jiākè
ズボン	裤子	kùzi
シャツ	衬衫	chènshān
ベルト	腰带	yāodài

ILLUSTRATION DICTIONARY（绘画单词）〈空港〉

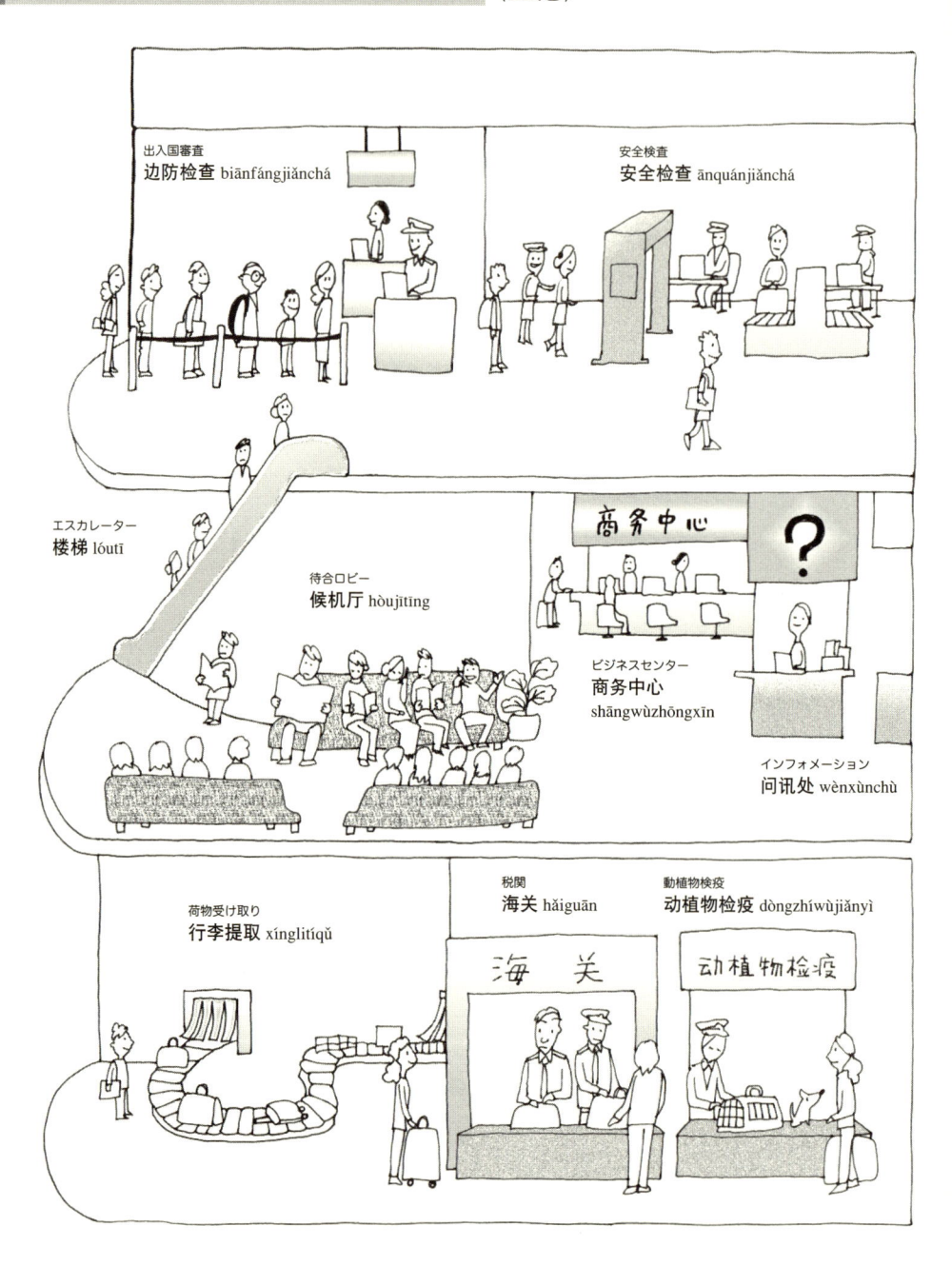

出入国審査
边防检查 biānfángjiǎnchá

安全検査
安全检查 ānquánjiǎnchá

エスカレーター
楼梯 lóutī

待合ロビー
候机厅 hòujītīng

ビジネスセンター
商务中心 shāngwùzhōngxīn

インフォメーション
问讯处 wènxùnchù

荷物受け取り
行李提取 xínglitíqǔ

税関
海关 hǎiguān

動植物検疫
动植物检疫 dòngzhíwùjiǎnyì

44

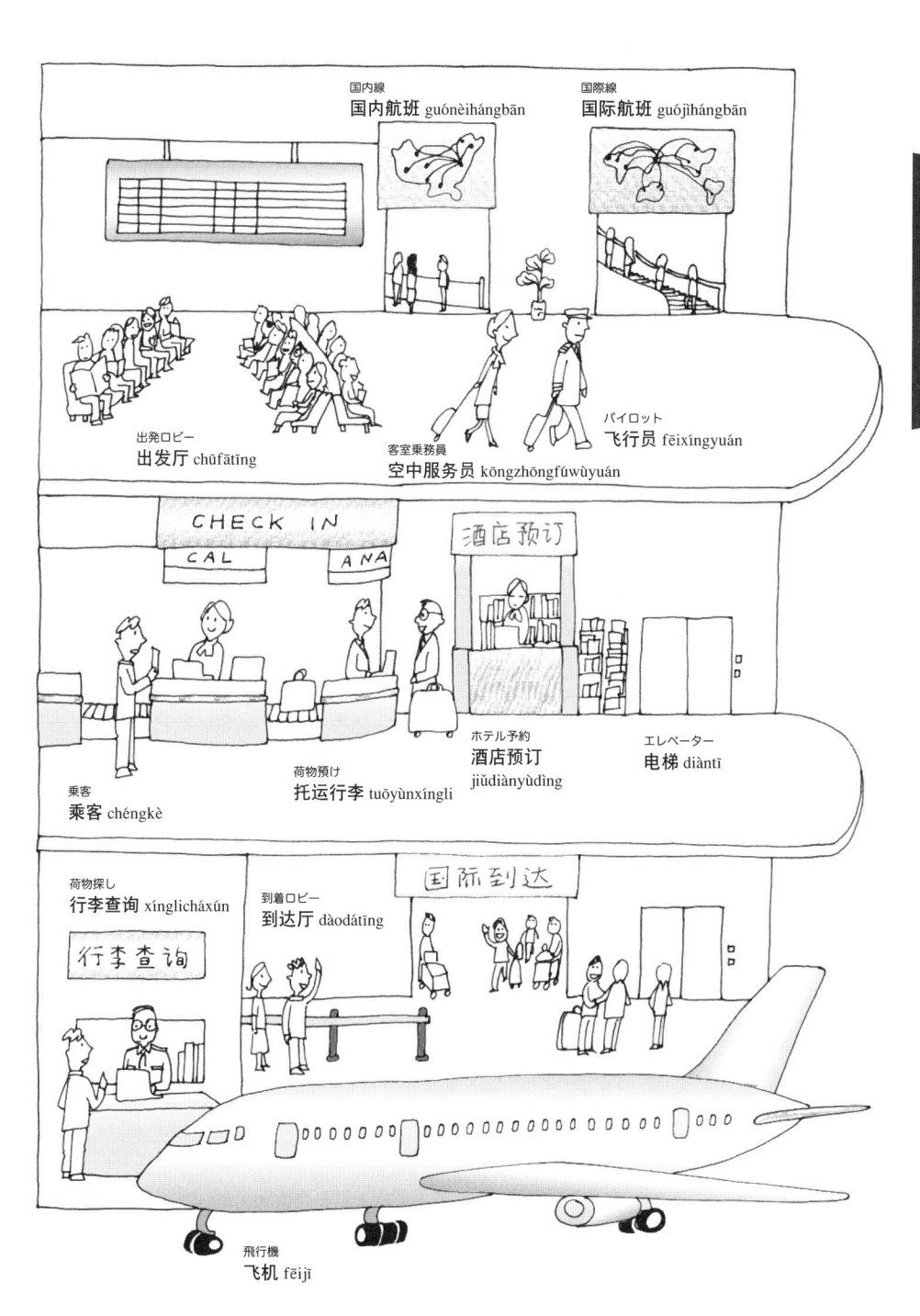

国内線
国内航班 guónèihángbān

国際線
国际航班 guójìhángbān

パイロット
飞行员 fēixíngyuán

出発ロビー
出发厅 chūfātīng

客室乗務員
空中服务员 kōngzhōngfúwùyuán

ホテル予約
酒店预订 jiǔdiànyùdìng

エレベーター
电梯 diàntī

乗客
乘客 chéngkè

荷物預け
托运行李 tuōyùnxíngli

荷物探し
行李查询 xínglicháxún

到着ロビー
到达厅 dàodátīng

飛行機
飞机 fēijī

机场 空港

45

Chapter 2 (第2章)

Track 17-25

宾馆　　　　　　　　　　　　　　　　　ホテル

- ① 电话预订　　　　電話予約
- ② 住宿登记　　　　ホテルにチェックイン
- ③ 退房　　　　　　ホテルをチェックアウト

1 电话预订 電話予約　　Track 17

SCENE(場面) 1 泊まりたいホテルへの電話予約にチャレンジしてみましょう。

我 想 订 房间。
wǒ xiǎng dìng fángjiān

是 预订 吗？ 请 稍 等。
shì yùdìng ma　qǐng shāo děng

予約の希望を伝えます。

您 想 订 几月 几号 到 几号 的？
nín xiǎng dìng jǐyuè jǐhào dào jǐhào de

我 想 订 的 是 6月 15号 到 18号。
wǒ xiǎng dìng de shì liùyuè shíwǔhào dào shíbāhào

予約の日時を伝えます。

您 要 的 是 单人间 还是 双人间？
nín yào de shì dānrénjiān háishi shuāngrénjiān

我 要 双人间。
wǒ yào shuāngrénjiān

部屋のタイプを伝えます。

请 等 一下。
qǐng děng yíxià

现在 有 空 房间。
xiànzài yǒu kòng fángjiān

空き部屋がありました。

会話のポイントを確認しましょう。
キーセンテンス (重要句型)

○ **稍 / 稍微** （ちょっと）
稍微 等 一下。
shāowēi děng yíxià
ちょっとお待ちください。

○ **几** （いくつ・いくら） → Grammar 8
几月 几号？
jǐyuè jǐhào
何月何日？

○ **到** （まで） → Grammar 14
从 5号 到 8号。
cóng wǔhào dào bāhào
5日から8日まで。

48

Chapter 2 ❶ **Track 17**

多少 钱？
duōshao qián

1300 元。
yìqiānsānbǎi yuán

客室の値段を聞きます。

能 打折 吗？
néng dǎzhé ma

可以。有 1100 元 的 房间。
kěyǐ yǒu yìqiānyībǎi yuán de fángjiān

値引きがあるかどうか聞きます。

那，我 就 要 1100 元 的 房间。
nà wǒ jiù yào yìqiānyībǎi yuán de fángjiān

我 知道 了。
wǒ zhīdào le

部屋を決めます。

○ **多少** （いくら・いくつ） → **Grammar 8**
多少 钱?
duōshao qián
いくらですか？

○ **A 还是 B** （AまたはB）
单人间 还是 双人间?
dānrénjiān háishi shuāngrénjiān
シングルルームそれともツインルーム？

1 电话预订 電話予約

Track 18

SCENE(场面)2 さくらになって電話でホテルを予約します。

您 想 订 几月 几号 到 几号 的？
nín xiǎng dìng jǐyuè jǐhào dào jǐhào de

是 预订 吗？ 请 稍 等。
shì yùdìng ma qǐng shāo děng

予約の希望を伝えます。

予約の日時を伝えます。

您要 的是 单人间 还是 双人间？
nín yào de shì dānrénjiān háishi shuāngrénjiān

请 等 一下。
qǐng děng yíxià

现在 有 空 房间。
xiànzài yǒu kòng fángjiān

部屋のタイプを伝えます。

空き部屋がありました。

应用表现（应用句子）
Track 19

◇ 我 想 预订。
wǒ xiǎng yùdìng
予約をしたいのですが。

◇ 我 想 在 网上 预订。
wǒ xiǎng zài wǎngshàng yùdìng
インターネットで予約したいです。

◆ 请 告诉 一下 您的 姓名。
qǐng gàosu yíxià nín de xìngmíng
お名前をお教えいただけますか。

50

Chapter 2 - 1 Track 18

1300 元。
yìqiānsānbǎi yuán

客室の値段を聞きます。

可以。有 1100 元 的 房间。
kěyǐ yǒu yìqiānyībǎi yuán de fángjiān

値引きがあるかどうか聞きます。

我 知道 了。
wǒ zhīdào le

部屋を決めます。

◇ 标准间 是 多少 钱？
　biāozhǔnjiān shì duōshao qián

　スタンダードルームはいくらですか？

◇ 这个 宾馆 有 多人间 吗？
　zhège bīnguǎn yǒu duōrénjiān ma

　このホテルにはドミトリーがありますか？

◆ 客房 都 满 了。不 能 预订。
　kèfáng dōu mǎn le bù néng yùdìng

　部屋は満室です。予約できません。

1 电话预定　電話予約

- イラスト1　予約の希望を伝えます。
  - さくら　：予約をしたいのですが。
  - 予約係　：ご予約ですね。少々お待ちください。

- イラスト2　予約の日時を伝えます。
  - 予約係　：ご予約されたいのは、何月何日から何日でしょうか。
  - さくら　：6月15日から18日までです。

- イラスト3　部屋のタイプを伝えます。
  - 予約係　：シングルルームでしょうかツインルームでしょうか。
  - さくら　：ツインルームです。

- イラスト4　空き部屋がありました。
  - 予約係　：少々お待ちください…
  　　　　　　今、空いている部屋があります。

- イラスト5　客室の値段を聞きます。
  - さくら　：おいくらですか。
  - 予約係　：1300元です。

- イラスト6　値引きがあるかどうか聞きます。
  - さくら　：値引きはありますか？
  - 予約係　：あります。1100元の部屋があります。

- イラスト7　部屋を決めます。
  - さくら　：では、1100元の部屋をお願いします。
  - 予約係　：わかりました。

北京のホテル

Information (信息庫)

賢いホテルの選び方

　中国大陸のホテルの場合、年間を通しての客室の値段が表示されていることが多いですが、オフシーズンには割引があります。

　割引のある部屋がほしい場合には、このSCENEに出ている「割引はありますか？」という一言が効果を発揮します。

　ホテルを予約する時は電話で予約をするよりも、インターネットを通して予約したほうが安いのは、どこの国や地域でも同じです。インターネットのホームページでも、ホテルのホームページと旅行会社などの仲介業者を通したページがあります。どのホームページから予約すると安いかは、ケースバイケースですので、ぜひ比較してから、予約してください。

　安いと思って予約したホテルでも、行き帰りの空港や、目的地までの交通のアクセスが悪く、タクシーに乗ったとすると、料金がかさむことになります。ホテルを決める際に、地下鉄や空港バスなどの交通手段にアクセスできるかどうかもよく検討されるとよいでしょう。

　ホテルでも、宿泊客の不便を解消するために、空港や市内への無料のバスを出しているところもあります。時間の許す限り、チェックインする前に情報をあつめておかれてはどうでしょうか。

VOCABULARY（単词）

ホテル	饭店	fàndiàn
ホテル	宾馆	bīnguǎn
ホテル	酒店	jiǔdiàn
旅社	旅社	lǚshè
三つ星	三星级	sānxīngjí
スタンダードルーム	标准间	biāozhǔnjiān
エグゼクティブルーム	豪华间	háohuájiān
スイートルーム	套间	tàojiān
エキストラベット	加床	jiāchuáng
優待価格	优惠价格	yōuhuìjiàgé

2 住宿登记 ホテルにチェックイン　　　Track 20

SCENE（场面）1 予約したホテルに、さくらがチェックインするシーンです。

你好。我想办住宿登记。
nǐ hǎo wǒ xiǎng bàn zhùsù dēngjì

我预订了。我叫藤谷樱花。
wǒ yùdìng le wǒ jiào ténggǔ yīnghuā

您预订了没有？
nín yùdìng le méiyǒu

藤谷樱花女士，您订的是三天双人间。
ténggǔ yīnghuā nǚshì nín dìng de shì sān tiān shuāngrénjiān

ホテルの人にチェックインすることを伝えます。

ホテルの人が予約を確認します。

请填写一下您的姓名、地址、电话号码，好吗？
qǐng tián xiě yíxià nín de xìngmíng dìzhǐ diànhuàhàomǎ hǎo ma

这是房间卡。
zhè shì fángjiānkǎ

好的…这里要不要签字？
hǎo de zhèlǐ yàobuyào qiānzì

您的房间号是1605，在16层。
nín de fángjiān hào shì yāoliùlíngwǔ zài shíliù céng

ホテルの書類に記入します。

カギと部屋の場所の説明があります。

🔑 会話のポイントを確認しましょう。
キーセンテンス（重要句型）

○**～了没有**（～しましたか？）
你订了没有？
nǐ dìng le méiyǒu
予約をしましたか。

○**好吗？**（いいですか）
写你的名字，好吗？
xiě nǐ de míngzi hǎo ma
名前を書いてください、いいですか。

○**要不要～**（～がいりますか）
→ Grammar 4
要不要签字？ サインがいりますか？
yàobuyào qiānzì

Chapter 2 — Track 20

这 是 早餐券。
zhè shì zǎocānquàn

请问, 早餐 在 哪里 吃?
qǐngwèn zǎocān zài nǎli chī

朝食会場はどこか聞きます。

在 二 楼 的 玫瑰阁。从 早晨 七 点 到 九点 半。
zài èr lóu de méiguīgé cóng zǎochén qī diǎn dào jiǔ diǎn bàn

我 知道 了。
wǒ zhīdao le

朝食は朝7時からです。

我 帮 您 拿 一下 行李。
wǒ bāng nín ná yíxià xíngli

谢谢。这 是 给 你 的 小费。
xièxie zhè shì gěi nǐ de xiǎofèi

さくらはベルボーイにチップをわたします。

○**我叫~**（わたしの名前は~です）
我 叫 藤谷 樱花。
wǒ jiào ténggǔ yīnghuā

わたしの名前は藤谷桜花です。

○**哪里**（どこ） → **Grammar 8**
早餐 在 哪里 吃?
zǎo cān zài nǎli chī

朝ごはんはどこで食べますか。

○**拿**（持つ）
拿 东西。
ná dōngxi

物を持つ。

宾馆 ホテル

2 住宿登记　ホテルにチェックイン　　Track 20

SCENE(场面)2 今度は「さくら」になって、ホテルの人と話しましょう。

您 预订 了 没有？
nín yùdìng le méiyǒu

ホテルの人にチェックインすることを伝えます。

藤谷 樱花 女士，您 订 的 是 三 天　双人间。
ténggǔ yīnghuā nǚshì　nín dìng de shì sān tiān shuāngrénjiān

ホテルの人が予約を確認します。

请 填 写 一下 您 的 姓名、地址、电话号码，好 吗？
qǐng tián xiě yíxià nín de xìngmíng dìzhǐ diànhuàhàomǎ hǎo ma

这 是 房间卡。
zhè shì fángjiānkǎ

ホテルの書類に記入します。

您 的 房间 号 是 1605，在 16 层。
nín de fángjiān hào shì yāoliùlíngwǔ zài shíliù céng

カギと部屋の場所の説明があります。

应用表现（应用句子）
Track 22

◇我 没有 预订。
wǒ méiyǒu yùdìng

わたしは予約をしていません。

◇今天 有　空房间 吗？
jīntiān yǒu kōngfángjiān ma

今日は空いている部屋がありますか。

◆你 叫 什么　名字？
nǐ jiào shénme míngzi?

お名前はなんですか？

Chapter 2 **2** **Track 20**

> 这 是 早餐券。
> zhè shì zǎocānquàn

> 在 二 楼 的 玫瑰阁。从 早晨 七 点 到 九 点 半。
> zài èr lóu de méiguīgé cóng zǎochén qī diǎn dào jiǔ diǎn bàn

朝食会場はどこか聞きます。

朝食は朝7時からです。

> 我 帮 您 拿 一下 行李。
> wǒ bāng nín ná yíxià xíngli

さくらはベルボーイにチップをわたします。

◆ **请 告诉 一下 你 的 英文字母。**
qǐng gàosu yíxià nǐ de yīngwénzìmǔ
お名前のスペルを教えてください。

◆ **这 是 您 的 房间卡。**
zhè shì nín de fángjiānkǎ
これはあなたのカードキーです。

◇ **这个 宾馆 有 游泳池 吗？**
zhège bīnguǎn yǒu yóuyǒngchí ma
このホテルにプールはありますか。

◇ **请 帮 我 拿 一下 行李。**
qǐng bāng wǒ ná yíxià xíngli
荷物を持つのを手伝ってもらえませんか。

宾馆 ホテル

2

住宿登记　ホテルにチェックイン

(イラスト1)　ホテルの人にチェックインすることを伝えます。
　　　　　さくら　：こんにちは。チェックインしたいのです。
　　　　　フロント：ご予約はされていますか。

(イラスト2)　ホテルの人が予約を確認します。
　　　　　さくら　：予約しました。「ふじたにさくら」という名前です。
　　　　　フロント：「ふじたにさくら」様ですね。ツインルームを3泊でご予約いた
　　　　　　　　　　だいております。

(イラスト3)　ホテルの書類に記入します。
　　　　　フロント：こちらにお名前、ご住所、お電話番号をお願いいたします。
　　　　　さくら　：はい…ここにもサインしますか？

(イラスト4)　カギと部屋の場所の説明があります。
　　　　　フロント：こちらがお部屋の鍵です。
　　　　　　　　　　お部屋は1605号室、16階にございます。

(イラスト5)　朝食会場はどこか聞きます。
　　　　　フロント：こちらは朝食券です。
　　　　　さくら　：すみません、朝食会場はどこですか。

(イラスト6)　朝食は朝7時からです。
　　　　　フロント：2階のローズガーデンで、朝7時から9時半になっています。
　　　　　さくら　：わかりました。

(イラスト7)　さくらはベルボーイにチップをわたします。
　　　　　ベルボーイ：荷物を運ぶのをお手伝いいたします。
　　　　　さくら　：ありがとう。これはチップです。

Information （信息库）

ホテルでのトラブル

ホテルでありがちなトラブルを解決するためのひとこと。

・ホテルに入ってテレビがつかない。
　电视打不开 (diànshì dǎbukāi)。
　　＊実際はベッドの枕もとのところにテレビの電源スイッチがあることが多いです。
・シャワーのお湯が熱くない。
　洗澡水不热 (xǐzǎoshuǐ bú rè)。
・ドライアーを貸してほしい。
　有吹风机吗 (yǒu chuīfēngjī ma)?
・カギを部屋においたままドアが施錠されてしまった。
　门卡在房间里，门锁上了 (ménkǎ zài fángjiānlǐ, mén suǒ shàng le)。
・隣の部屋がうるさい。
　隔壁的房间很吵 (gébì de fángjiān hěn chǎo)。
・コンセントの形状が違う（ので、電気製品が使えない）。
　插头的形状不一样 (chātóu de xíngzhuàng bù yíyàng)。
・変圧器を借りたい。（中国の電圧は 220 ボルトです。）
　有变压器吗 (yǒu biànyāqì ma)?
・インターネットにつなげない。
　因特网接不上 (yīntèwǎng jiēbushàng)。
・パソコンでログインするためのパスワードを知りたい。
　告诉我密码，好吗 (gàosuwǒ mìmǎ, hǎo ma)?

VOCABULARY （単词）

フロント	前台	qiántái
外貨両替	外汇兑换	wàihuìduìhuàn
キャッシャー（会計）	收银台	shōuyíntái
ジム	健身房	jiànshēnfáng
プール	游泳池	yóuyǒngchí
中華レストラン	中餐厅	zhōngcāntīng
西洋レストラン	西餐厅	xīcāntīng
モーニングコール	叫醒服务	jiàoxǐngfúwù
起こさないでください	请无打搅	qǐng wú dǎjiǎo
ビジネスセンター	商务中心	shāngwùzhōngxīn

3 退房　ホテルをチェックアウト　Track 23

SCENE（場面）1　ホテルをチェックアウトするシーンです。

早上 好。我 想 退房。
zǎoshang hǎo wǒ xiǎng tuìfáng

您要退房，好的。
nín yào tuìfáng hǎo de

ホテルをチェックアウトすることを伝えます。

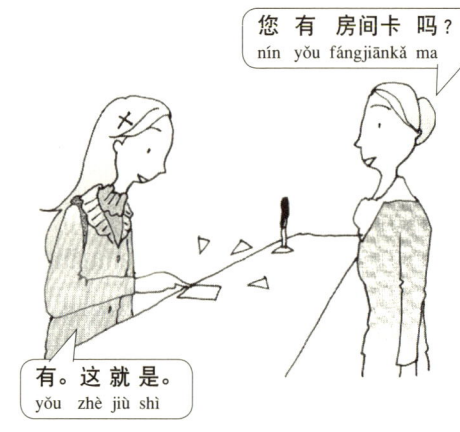

您 有 房间卡 吗？
nín yǒu fángjiānkǎ ma

有。这 就 是。
yǒu zhè jiù shì

チェックアウトのためにカードキーを出します。

您 用 现金 还是 用 信用卡。
nín yòng xiànjīn háishi yòng xìnyòngkǎ

我 用 信用卡。
wǒ yòng xìnyòngkǎ

ホテルの人が支払い方法について聞きます。

这 是 您 的 收据。
zhè shì nín de shōujù

请 您 确认 一下。
qǐng nín quèrèn yíxià

領収書（請求書の控え）をもらいます。

会話のポイントを確認しましょう。
キーセンテンス（重要句型）

○**就**（肯定の語気）
这 就 是。
zhè jiù shì
これがそうです。

○**用～**（で）→ Grammar 14
我 用 信用卡 交钱。
wǒ yòng xìnyòngkǎ jiāoqián
クレジットカードで払います。

○**能不能～**（～ができますか）
能不能 把 我 的 行李 放在 这儿？
néngbunéng bǎ wǒ de xíngli fàngzài zhèr
荷物をここに置いておいてもかまいませんか？

Chapter 2 – 3 Track 23

请问，能不能把我的东西寄存在这儿？
qǐngwèn néngbunéng bǎ wǒ de dōngxi jìcún zài zhèr

请您到寄存处寄存。
qǐng nín dào jìcúnchù jìcún

荷物を預けておけるかを聞きます。

您几点回来？
nín jǐ diǎn huílai

我打算下午五点回来。
wǒ dǎsuan xiàwǔ wǔ diǎn huílai

何時に戻ってくるか聞かれます。

给我叫一下出租车，好吗？
gěi wǒ jiào yíxià chūzūchē hǎo ma

好的。
hǎo de

タクシーも呼んでもらいます。

○把~（~を）→ Grammar 14
我把我的行李寄存了。
wǒ bǎ wǒ de xíngli jìcún le
わたしは荷物を預けました。

○给~（~に／のために：介詞）
→ Grammar 14
给我叫一下出租车。
gěi wǒ jiào yíxià chūzūchē
私にタクシーを呼んでください。

○打算（~するつもり）
我打算七点回来。
wǒ dǎsuan qī diǎn huílai
７時に戻ってくるつもりです。

3 退房 ホテルをチェックアウト Track 24

SCENE（场面）2 今度は「さくら」になって、ホテルの人と話しましょう。

您有 房间卡 吗？
nín yǒu fángjiānkǎ ma

您要 退房，好的。
nín yào tuìfáng hǎo de

ホテルをチェックアウトすることを伝えます。

チェックアウトのためにカードキーを出します。

您用 现金 还是 用 信用卡。
nín yòng xiànjīn háishi yòng xìnyòngkǎ

这是您的收据。
zhè shì nín de shōujù

请您 确认 一下。
qǐng nín quèrèn yíxià

ホテルの人が支払い方法について聞きます。

領収書（請求書の控え）をもらいます。

応用表现（应用句子）
Track 25

◆您的 房间号码 是多少？
nínde fángjiānhàomǎ shì duōshao

あなたの部屋番号はおいくつですか。

◆你用 小酒吧 了吗？
nǐ yòng xiǎojiǔbā le ma

ミニバーをご利用になりましたか？

◇我打 国际电话 了。
wǒ dǎ guójìdiànhuà le

国際電話をかけました。

您 几 点 回来？
nín jǐ diǎn huílai

请 您 到 寄存处 寄存。
qǐng nín dào jìcúnchù jìcún

荷物を預けておけるかを聞きます。

何時に戻ってくるか聞かれます。

好 的。
hǎo de

タクシーも呼んでもらいます。

◇ **我 丢了 门卡 了。**
wǒ diū le ménkǎ le
カードキーを無くしてしまいました。

◇ **请 给我 开 个 收据 好 吗？**
qǐng gěi wǒ kāi ge shōujù hǎo ma
領収書を出してもらえますか？

◇ **价钱 不 对。**
jiàqian bú duì
金額が違うようです。

◆ **行李 我 来 搬 吧。**
xíngli wǒ lái bān ba
荷物は私が運びましょう。

3 退房　ホテルをチェックアウト

イラスト1　ホテルをチェックアウトすることを伝えます。
　　さくら　：おはようございます。チェックアウトをしたいのですが。
　　フロント：チェックアウトですね。わかりました。

イラスト2　チェックアウトのためにカードキーを出します。
　　フロント：カードキーはありますか。
　　さくら　：はい、あります。これです。

イラスト3　ホテルの人が支払い方法について聞きます。
　　フロント：お支払いはどのようになさいますか。
　　さくら　：クレジットカードです。

イラスト4　領収書（請求書の控え）をもらいます。
　　フロント：こちらが請求書の控えです。
　　　　　　　ご確認ください。

イラスト5　荷物を預けておけるかを聞きます。
　　さくら　：あのすみません。ホテルに荷物を置いておいていいですか。
　　フロント：かまいません。あそこのクロークに預けてください。

イラスト6　何時に戻ってくるか聞かれます。
　　ベルボーイ：何時に戻ってこられますか？
　　さくら　：午後5時に戻ってくるつもりです。

イラスト7　タクシーも呼んでもらいます。
　　さくら　：タクシーを呼んでもらってもいいですか？
　　ベルボーイ：わかりました。

Information (信息库)

歴史的なホテル

　北京や上海、台北やシンガポールのような大都市には、高層ビルの近代的なホテルは数多くありますが、このコラムでは、歴史的・伝統的なホテルについて触れたいと思います。

　北京なら、「釣魚台賓館」、「民族飯店」、「友誼賓館」、「展覧館賓館」などが、80年代の近代化以前の中国の雰囲気を残すホテルです。もう少し古いタイプでは、清の時代の「四合院」といわれる伝統的建築を利用したホテルも増えてきています。「竹園」、「青竹園」、「侶松園」といったホテルです。上海では、その歴史からして「租界」時代の建物を引き継ぐ「和平飯店」や「国際飯店」があります。これらのホテルは、歴史があるものの、建物が古いという理由で、外資系のブランドホテルよりも、安い設定になっています。

　台湾にもそのようなホテルがあります。台湾のランドマーク、「園山大飯店」は、昔から国家元首級の人々が宿泊するホテルとして有名です。香港では、歴史的なホテルとして、「マンダリン オリエンタル ホテル香港（香港文華東方酒店）」や、「ザ・ペニンシュラ香港（香港半島酒店）」などがあります。シンガポールの歴史的なホテルには、「ラッフルズ・ホテル（Raffles Hotel）」、「グッドウッド・パーク・ホテル（Goodwood Park Hotel）」などがあります。香港やシンガポールのホテルは、歴史ある最高級ホテルとして、値段が上がってしまいますが、ホテルに宿泊しなくても、ロビーでアフターヌーンティーを楽しんだり、ブティックでショッピングをしてみてはいかがでしょうか。

VOCABULARY（単词）

バスタオル	浴巾	yùjīn
ボディソープ	淋浴液	línyùyè
シャンプー	洗发液	xǐfàyè
歯ブラシ	牙刷	yáshuā
トイレットペーパー	卫生纸	wèishēngzhǐ
毛布	毛毯	máotǎn
スリッパ	拖鞋	tuōxié
冷蔵庫	冰箱	bīngxiāng
貴重品箱	保险柜	bǎoxiǎnguì
掃除	打扫	dǎsǎo

ILLUSTRATION DICTIONARY（绘画单词）〈ホテル〉

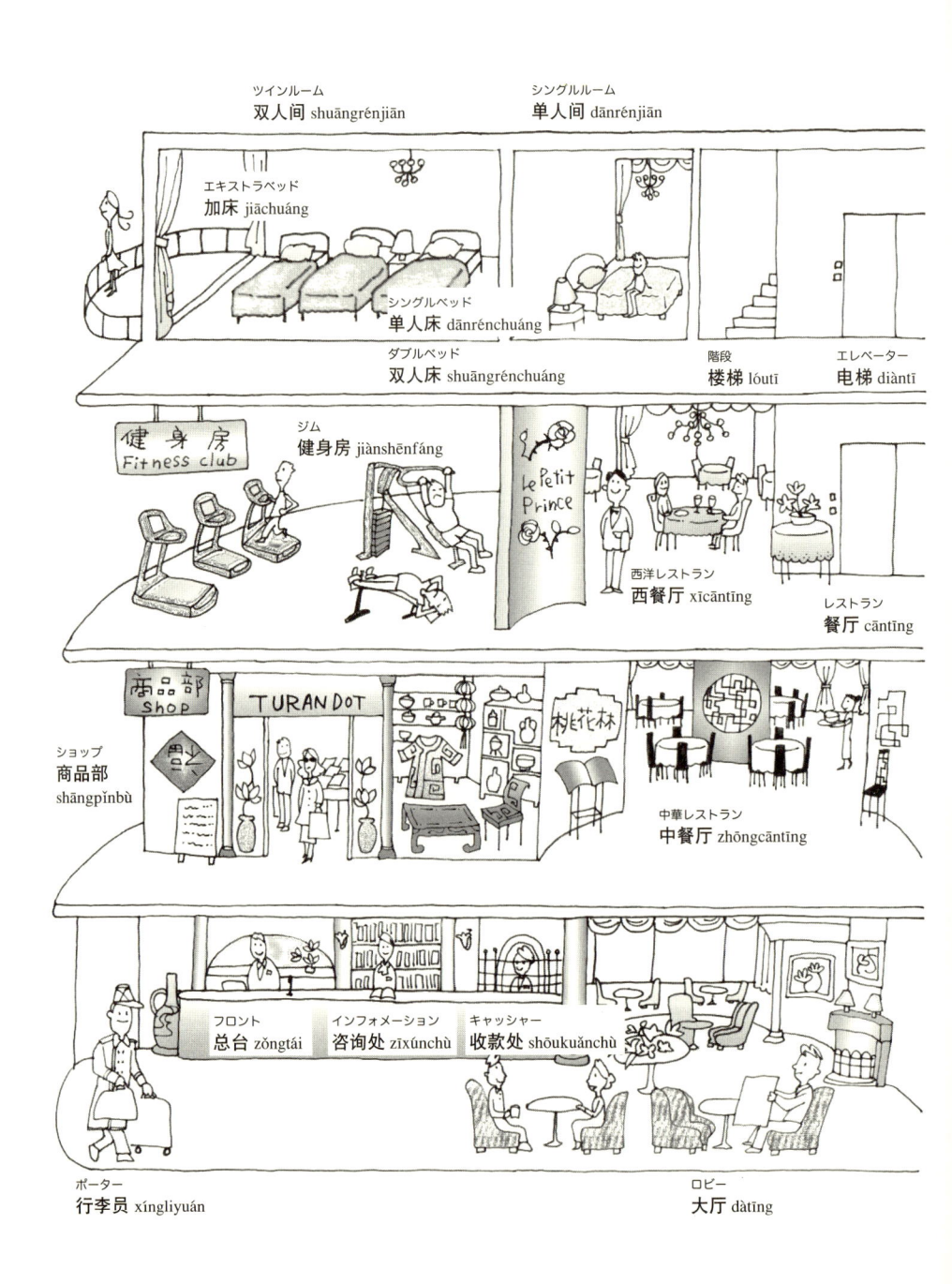

ツインルーム
双人间 shuāngrénjiān

シングルルーム
单人间 dānrénjiān

エキストラベッド
加床 jiāchuáng

シングルベッド
单人床 dānrénchuáng

ダブルベッド
双人床 shuāngrénchuáng

階段
楼梯 lóutī

エレベーター
电梯 diàntī

ジム
健身房 jiànshēnfáng

西洋レストラン
西餐厅 xīcāntīng

レストラン
餐厅 cāntīng

ショップ
商品部 shāngpǐnbù

中華レストラン
中餐厅 zhōngcāntīng

フロント
总台 zǒngtái

インフォメーション
咨询处 zīxúnchù

キャッシャー
收款处 shōukuǎnchù

ポーター
行李员 xíngliyuán

ロビー
大厅 dàtīng

Chapter 3 (第3章)

Track 26-34

交通工具　　　　　　　　　　　交通手段

---

1. 出租汽车　　　タクシー
2. 铁路　　　　　鉄道
3. 长途汽车　　　長距離バス

1 出租汽车　タクシー　Track 26

SCENE（场面）1　主人公のさくらがタクシーに乗って移動するシーンです。

可以 走 吗？
kěyǐ zǒu ma

您 要 去 哪里？
nín yào qù nǎli

上 吧。
shàng ba

我 要 去 女人街。
wǒ yào qù nǔrénjiē

さくらはタクシーに乗り込みます。

運転手に行き先をつげます。

从 这儿 到 女人街 要 多少 钱？
cóng zhèr dào nǔrénjiē yào duōshao qián

去 女人街 买 东西 吗？
qù nǔrénjiē mǎi dōngxi ma

大概 八十 块 钱 吧。
dàgài bāshí kuài qián ba

我 想 买 一些 纪念品。
wǒ xiǎng mǎi yìxiē jìniànpǐn

運転手に料金を聞きます。

目的について話します。

会話のポイントを確認しましょう。
キーセンテンス（重要句型）

○**吧**（〜ましょう：勧誘）→ **Grammar 10**
上车 吧。
shàngchē ba
車に乗りましょう。

○**从〜到…**（〜から…まで：距離）
从 这儿 到 女人街 要 多少 钱？
cóng zhèr dào nǔrénjiē yào duōshao qián
ここから女人街までいくらですか？

○**干什么？**（何をしますか）→ **Grammar 8**
你想 干 什么？
nǐ xiǎng gàn shénme
何をしたいのですか？

Chapter 3 1 Track 26

前面 堵车 了。您 着急 吗？
qiánmian dǔchē le nín zháojí ma

我 不 着急。
wǒ bù zháojí

渋滞していて時間がかかりそうです。

找 您 零钱。
zhǎo nín língqián

谢谢。能 帮 我 打开 后车箱 吗？
xièxie néng bāng wǒ dǎkāi hòuchēxiāng ma

トランクをあけてもらいます。

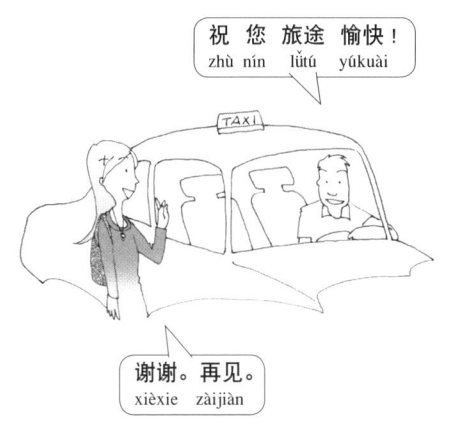

祝 您 旅途 愉快！
zhù nín lǚtú yúkuài

谢谢。再见。
xièxie zàijiàn

運転手にお礼を言います。

交通工具　交通手段

○**吧**（～ですね：同意）→ **Grammar 10**
大概 五十 块 钱 吧。
dàgài wǔshí kuài qián ba
だいたい50元ぐらいですね。

○**帮**（～手伝う）→ **Grammar 11**
帮 我 打开。
bāng wǒ dǎkāi
開けるのを手伝って。

○**祝**（～をお祝いする）
祝 你 旅途 愉快！
zhù nǐ lǚtú yúkuài
よい旅をお祈りします。

1 出租汽车　タクシー

Track 27

SCENE（场面）2 今度はさくらになって、タクシーに乗ります。

您要去哪里？
nín yào qù nǎli

上 吧。
shàng ba

さくらはタクシーに乗り込みます。

運転手に行き先をつげます。

去 女人街 买 东西 吗？
qù nǚrénjiē mǎi dōngxi ma

大概 八十 块 钱 吧。
dàgài bāshí kuài qián ba

運転手に料金を聞きます。

目的について話します。

应用表现（应用句子）
Track 28

◇我 要 去 飞机场。
wǒ yào qù fēijīchǎng
空港に行きたいのです。

◇我 很 着急。
wǒ hěn zháojí
急いでいます。

◇包括 高速公路费 吗？
bāokuò gāosùgōnglùfèi ma
高速料金が含まれていますか？

前面 堵车 了。您 着急 吗？
qiánmian dǔchē le nín zháojí ma

渋滞していて時間がかかりそうです。

找 您 零钱。
zhǎo nín língqián

トランクをあけてもらいます。

祝 您 旅途 愉快！
zhù nín lǚtú yúkuài

運転手にお礼を言います。

◇二百 块 钱 太 贵 了。
èrbǎi kuài qián tài guì le
200元とは、高いですね。

◆前面 是 单行路。
qiánmian shì dānxínglù
この先、一方通行です。

◆我 想 绕过去。
wǒ xiǎng ràoguòqu
回って（遠回りして）いきます。

◇祝 你 身体 健康！
zhù nǐ shēntǐ jiànkāng
ご健康をお祈りします。

1

出租汽车　タクシー

- イラスト1　さくらはタクシーに乗り込みます。
  - さくら　　：乗ってもいいですか（出ますか？）
  - 運転手　　：どうぞ乗ってください。

- イラスト2　運転手に行き先をつげます。
  - 運転手　　：どこに行かれますか。
  - さくら　　：女人街（ファッションストリート）までお願いします。

- イラスト3　運転手に料金を聞きます。
  - さくら　　：女人街まではいくらですか。
  - 運転手　　：だいたい80元ぐらいですね。

- イラスト4　目的について話します。
  - 運転手　　：女人街でお買い物をなさるのですか？
  - さくら　　：お土産を買うつもりです。

- イラスト5　渋滞していて時間がかかりそうです。
  - 運転手　　：あの、前方で渋滞しています。いそぎますか。
  - さくら　　：いそぎません。

- イラスト6　トランクをあけてもらいます。
  - 運転手　　：おつりをどうぞ。
  - さくら　　：トランクをあけてもらえますか？

- イラスト7　運転手にお礼を言います。
  - 運転手　　：どうぞ楽しいご旅行を。
  - さくら　　：どうもありがとう。さようなら。

Information（信息库）

タクシーの料金についての疑問と地下鉄

【タクシーの料金】

よく知らない場所でタクシーに乗ると、ちゃんとまっすぐ目的地に連れて行ってくれているのかどうか、不当な運賃を要求されているのではないかと不安になります。しかし、都市の真ん中では、交通規制や一方通行の指示、渋滞の回避などが頻繁にあり、実は「不当な運賃」を要求されているのではないことも多いです。このほか、有料道路の費用、海底トンネルの通過費用などが運賃に加算される場合もあります。タクシーに乗るとついほっとしてしまいますが、自分が今どこを走っているのか、ルートや交通標識をよく確認しておきましょう。

【地下鉄】

北京や上海、台北、香港といった街では、都市交通として地下鉄が発達しており、安価で便利です。運ぶ荷物が少ないなら、地下鉄を利用することをお勧めします。ただ、地下鉄を利用する場合は、どうしてもしかたがない場合を除いて、ラッシュアワーの時間帯を避けること。ラッシュの時間に移動することは、時間の効率が悪いし、体力も消耗します。

[地下鉄・新交通システム]

北京地下鉄	北京地铁	Běijīng Dìtiě	Beijing Subway
台湾MRT	捷運	Jiéyùn	Mass Rapid Transit
香港MRT	港铁	Gǎngtiě	Mass Transit Railway
シンガポールMRT	大眾快速交通	Dàzhòngkuàisùjiāotōng	Mass Rapid Transit

VOCABULARY（単词）

タクシー	出租汽车 / 计程车 / 的士	chūzūqìchē/jìchéngchē/dīshì
メーター	计程表	jìchéngbiǎo
空車	空车	kōngchē
運転手	司机	sījī
領収書	发票 / 收据	fāpiào/shōujù
前の席	前面的座位	qiánmiandezuòwèi
後の席	后面的座位	hòumiandezuòwèi
トンネル	隧道	suìdào
高速道路	高速公路	gāosùgōnglù
一方通行	单行路	dānxínglù

2 铁路 鉄道

Track 29

SCENE(场面)1 切符売り場で鉄道の切符を買うシーンです。

你好。我 要 一 张 去 青岛 的 火车票。
nǐ hǎo wǒ yào yì zhāng qù qīngdǎo de huǒchēpiào

几号 出发？
jǐhào chūfā

切符売り場の人と話します。

今天 出发。
jīntiān chūfā

有 上午 出发 的 "动车组" 吗？
yǒu shàngwǔ chūfā de dòngchēzǔ ma

列車の種類を指定します。

我 给 你 看看 啊。
wǒ gěi nǐ kànkan a

上午 的 票，已经 卖没了。
shàngwǔ de piào, yǐjing màiméile

列車の種類を指定します。

那，下午 怎么样？
nà xiàwǔ zěnmeyàng

有 13 点 45 分 出发 的 票。
yǒu shísān diǎn sìshiwǔ fēn chūfā de piào

別の時間帯の提案をします。

🔑 会話のポイントを確認しましょう。 キーセンテンス (重要句型)

○**张** (枚：助数詞) → **Grammar 9**
给 我 一 张 票
gěi wǒ yì zhāng piào
切符を1枚ください。

○**那／那么** (それでは)
那，我 不要 了。
nà wǒ búyào le
それでは、いりません。

○**怎么样？**(どうですか？) → **Grammar 8**
下午 怎么样？
xiàwǔ zěnmeyàng
午後はどうですか。

Chapter 3 – 2 Track 29

那么，请给我一张大人票。
nàme qǐng gěi wǒ yì zhāng dàrén piào

7月12日13点45分发车，前往
qīyuè shí'èrrì shísān diǎn sìshiwǔ fēn fāchē qiánwǎng
青岛的动车组D7，大人票一张 150 元。
qīngdǎo de dòngchēzǔdìqī dàrénpiào yì zhāng yìbǎiwǔshí yuán

切符を購入します。

前往青岛的旅客请注意。
qiánwǎng qīngdǎo de lǚkè qǐng zhùyì

您乘坐的动车组D7，已经开始检票。
nín chéngzuò de dòngchēzǔdìqī yǐjing kāishǐ jiǎnpiào

请您到第二候车室检票口检票。
qǐng nín dào dì èr hòuchēshì jiǎnpiàokǒu jiǎnpiào

改札がはじまりました。

旅客们，本次列车马上就要到青岛火车站了。
lǚkèmen běncì lièchē mǎshàng jiùyào dào qīngdǎohuǒchēzhàn le

有在青岛下车的旅客，请您做好下车准备。
yǒu zài qīngdǎo xiàchē de lǚkè qǐng nín zuòhǎo xiàchē zhǔnbèi

到着のアナウンス

○**马上**（すぐに）
马上到火车站。
mǎshàng dào huǒchēzhàn
すぐに駅に着きます。

○**(就) 要 了**（もうすぐ～になる）
就要到火车站了。
jiù yào dào huǒchēzhàn le
もうすぐ駅につきます。

○**做好**（～し終わる：結果補語）
→ **Grammar 26**
请你做好准备。
qǐng nǐ zuòhǎo zhǔnbèi
準備をし終えてください。

2 铁路 铁道

Track 30

SCENE(场面)2 今度は実際に鉄道の切符を買ってみましょう。

切符売り場の人と話します。

几号 出发？
jǐhào chūfā

列車の種類を指定します。

我 给 你 看看 啊。
wǒ gěi nǐ kànkan a

上午 的 票，已经 卖没了。
shàngwǔ de piào yǐjing màiméile

列車の種類を指定します。

有 13 点 45 分 出发 的 票。
yǒu shísān diǎn sìshiwǔ fēn chūfā de piào

別の時間帯の提案をします。

応用表现 (应用句子)

Track 31

◆ 上午 的 票，已经 没有 了
　shàngwǔ de piào yǐjing méiyǒu le
　午前中の切符はもうありません。

◆ 你 要 硬座 还是 软座？
　nǐ yào yìngzuò háishi ruǎnzuò
　硬座（普通席）ですかそれとも軟座（上等席）ですか。

◇ 不 好 意思。我 要 上 洗手间。
　bù hǎo yìsi wǒ yào shàng xǐshǒujiān
　すみません、トイレに行きたいです。

Chapter 3 - 2　Track 30

前往　青岛　的旅客请　注意。
qiánwǎng qīngdǎo de lǚkè qǐng zhùyì

您　乘坐　的　动车组D7，已经　开始　检票。
nín chéngzuò de dòngchēzǔdìqī yǐjing kāishǐ jiǎnpiào

请　您　到第　二　候车室　检票口　检票。
qǐng nín dào dì èr hòuchēshì jiǎnpiàokǒu jiǎnpiào

7月12日　13　点　45　分发车，前往
qīyuè shí'èrrì shísān diǎn sìshiwǔ fēn fāchē qiánwǎng

青岛　的动车组D7，大人票　一张　　150　　元。
qīngdǎo de dòngchēzǔdìqī dàrénpiào yì zhāng yìbǎiwǔshí yuán

切符を購入します。　　　　　　　　　　改札がはじまりました。

旅客们，本次　列车　马上　就要　到　青岛火车站　了。
lǚkèmen běncì lièchē mǎshàng jiùyào dào qīngdǎohuǒchēzhàn le

有在青岛　下车的旅客，请　您　做好　下车　准备。
yǒu zài qīngdǎo xiàchē de lǚkè qǐng nín zuòhǎo xiàchē zhǔnbèi

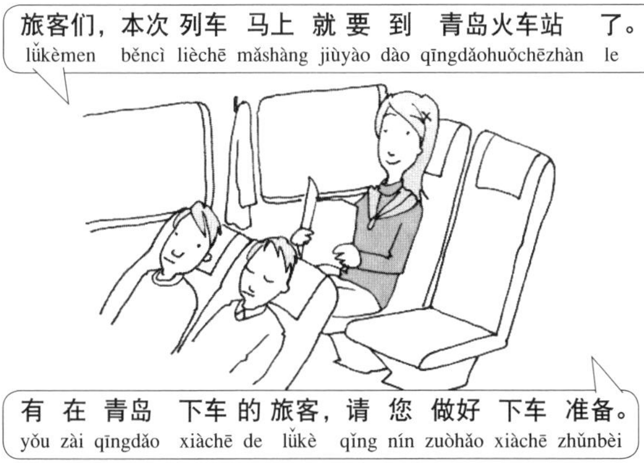

到着のアナウンス

◇请　给我　换一下　座位。
qǐng gěi wǒ huàn yíxià zuòwèi

席をかわっていただけませんか。

◆看　一下　车票。
kàn yíxià chēpiào

切符を見せてください。

◆本次　列车　延误了30　分钟。
běncì lièchē yánwù le sānshí fēnzhōng

この列車は30分遅れました。

◇我把车票　丢了。
wǒ bǎ chēpiào diū le

切符をなくしてしまいました。

2

铁路　鉄道

（イラスト1） 切符売り場の人と話します。
さくら　：こんにちは。青島までの切符をください。
係員　　：はい、何日の出発ですか？

（イラスト2） 列車の種類を指定します。
さくら　：今日です。
　　　　　午前発「動車組（新幹線）」の切符はありますか。

（イラスト3） 列車の種類を指定します。
係員　　：見てみましょう。
　　　　　午前中の切符は、すでにありません。

（イラスト4） 別の時間帯の提案をします。
さくら　：では、午後はどうですか？
係員　　：13時45分発の動車組の切符があります。

（イラスト5） 切符を購入します。
さくら　：では、大人1枚ください。
係員　　：7月12日、13時45分発、青島行、動車組D7、大人1枚150元。

（イラスト6） 改札がはじまりました。
構内放送：青島行き、D7列車 すでに改札がはじまりました。
　　　　　乗車のお客様は、第2待合室で切符検査をしてください。

（イラスト7） 到着のアナウンス
車内放送：まもなく青島に到着します。
　　　　　青島で降りるお客様は下車のご準備をしてください。

新幹線

Information（信息库）

列車の種類

　中国大陸の鉄道は、列車の種類によって到達時間が違うし、乗っている客層も違っています。速く快適に過ごしたいなら、DからKまでの列車をお勧めします。もちろん料金も高めです。もし、遅くても冒険したいなら「普通快速列車」に乗るのがよいでしょう。

　　D 動車組（动车组）：中国の新幹線
　　Z 直達特別快速旅客列車（直达特别快速旅客列车）：停車のない直通列車
　　T 特別快速列車（特别快速旅客列车）：大都市に停車
　　K 快速旅客列車快（快速旅客列车）：地方都市への停車
　　普通快速列車（1000番台から8000番台）：各駅停車

これらの分類のほか、以下のようなタイプの列車があります。

　　C 列車都市間高速鉄道（城际铁路）：都市間高速鉄道
　　L 列車臨時旅客列車（临时旅客列车）：旅客の多い時期の臨時列車
　　Y 列車旅游旅客列車（旅游旅客列车）：観光客のための臨時列車

　次に示すのは台湾の列車のランクです。台湾でも時間を節約して快適に移動したいなら、新幹線か"自強號"に乗るべきでしょう。

　　台湾高速鉄道（新幹線）：台湾の新幹線
　　自強號：電車・気動車式の特急列車で一番速い
　　呂光號：機関車が客車を引く特急列車で、自強號の次に速い
　　復興號：機関車が客車を引くタイプの急行列車
　　普快車：普通列車、最近は高速化で減便されている
　　臺北捷運：台北の都市高速鉄道
　　高雄捷運：高雄の都市高速鉄道

　特に春節（1月下旬から2月）の中国の民族移動の時期には、早くから切符が手に入らなくなります。予定した行動が取れなくなることが多いですので、この時期の鉄道での旅行には、十分注意しましょう。

VOCABULARY（单词）

運賃	票价	piàojià
～行き	开往	kāiwǎng
列車	列车	lièchē
寝台車	卧铺	wòpù
食堂車	餐车	cānchē
往復	往返	wǎngfǎn
時刻表	时刻表	shíkèbiǎo
払い戻し	退票	tuìpiào

3 长途汽车　長距離バス

Track 32

SCENE（场面）1　長距離バスに乗って遠くの町に行くシーンです。

长途汽车 站 在 哪里？
chángtúqìchē zhàn zài nǎli

长途汽车 站 在 民族饭店 的 前面。
chángtúqìchē zhàn zài mínzúfàndiàn de qiánmian

長距離バス駅を探します。

这趟 长途汽车 去 喀什 吗？
zhètàng chángtúqìchē qù kāshí ma

去啊。
qù a

バスの行き先を確認します。

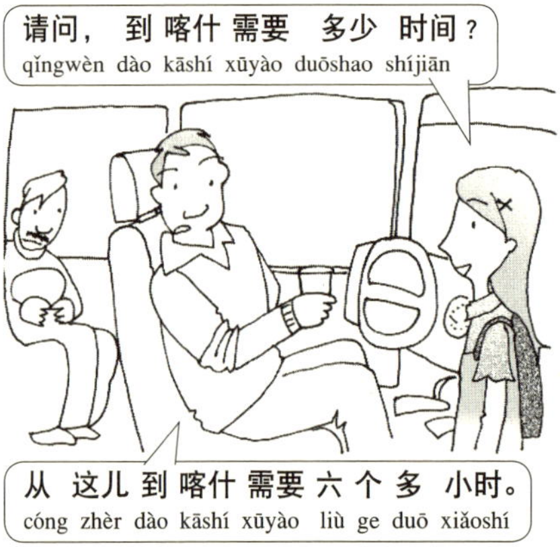

请问，到 喀什 需要 多少 时间？
qǐngwèn dào kāshí xūyào duōshao shíjiān

从 这儿 到 喀什 需要 六 个 多 小时。
cóng zhèr dào kāshí xūyào liù ge duō xiǎoshí

目的地までどのくらいの時間がかかるか聞きます。

对不起，这 是 我 的 座位。
duìbuqǐ zhè shì wǒ de zuòwèi

这 是 你 的 行李 吧？
zhè shì nǐ de xíngli ba

自分の席に、他人の荷物がおいてあります。

会話のポイントを確認しましょう。キーセンテンス（重要句型）

○ **前面**（～の前）→ Grammar 15
汽车站 在 饭店 的 前面。
qìchēzhàn zài fàndiàn de qiánmian
バス駅はホテルの前です。

○ **趟**（回：動作の回数を数える量詞）
这 趟车 去 喀什。
zhè tàng chē qùkāshí
この（回の）バスはカシュガルに行きます。

○ **～行吗？**（～てもいいですか？）
→ Grammar 10
等 一会儿 行 吗？　待ってもらってもいいですか。
děng yīhuìr xíng ma

我 想 去 厕所。能 给 我 停 一下 车 吗？
wǒ xiǎng qù cèsuǒ. néng gěi wǒ tíng yíxià chē ma

等 一会儿 行 吗？
děng yīhuìr xíng ma

運転手に停車してくれるように頼みます。

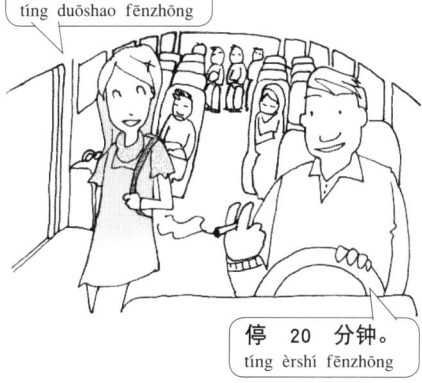

停 多少 分钟？
tíng duōshao fēnzhōng

停 20 分钟。
tíng èrshí fēnzhōng

停車時間について聞きます。

到 了 人民广场，麻烦 你 告诉 我 一声。
dào le rénmínguǎngchǎng máfan nǐ gàosu wǒ yìshēng

知道 了。我 一定 告诉 你。
zhīdao le wǒ yídìng gàosu nǐ

目的地についたら教えてもらうようにします。

○**能〜吗？**（してもらえませんか？）
能 给 我 停车 吗？
néng gěi wǒ tíngchē ma

停まってもらえませんか。

○**一定**（きっと、必ず）→ Grammar 12
我 一定 告诉 你。
wǒ yídìng gàosu nǐ

必ず伝えます。

○**麻烦你**（ごめんどうですが）
麻烦 你 告诉 我。
máfan nǐ gàosu wǒ

ごめんどうをかけますが、私に教えてください。

3 长途汽车　長距離バス

Track 33

SCENE（场面）2 さくらになって長距離バスに乗ってみます。

长途汽车 站 在 民族饭店 的 前面。
chángtúqìchē zhàn zài mínzúfàndiàn de qiánmian

長距離バス駅を探します。

去 啊。
qù a

バスの行き先を確認します。

从 这儿 到 喀什 需要 六 个 多 小时。
cóng zhèr dào kāshí xūyào liù ge duō xiǎoshí

目的地までどのくらいの時間がかかるか聞きます。

自分の席に、他人の荷物がおいてあります。

应用表现（应用句子）

Track 34

◆ 汽车 站 在 大楼 的 里面。
qìchēzhàn zài dàlóu de lǐmian

バス駅はビルの中です。

◇ 这个 公共汽车 路过 喀什 吗？
zhège gōnggòngqìchē lùguò kāshí ma

このバスはカシュガルを通りますか？

◇ 没有 我 的 座位。
méiyǒu wǒ de zuòwèi

わたしの席がない。

Chapter 3 — Track 33

等 一会儿 行 吗？
děng yīhuìr xíng ma

運転手に停車してくれるように頼みます。

停 20 分钟。
tíng èrshí fēnzhōng

停車時間について聞きます。

知道 了。我 一定 告诉 你。
zhīdao le wǒ yídìng gàosu nǐ

目的地についたら教えてもらうようにします。

交通工具　交通手段

◇请 让开 一下。
　qǐng ràngkai yíxià
　どいてください。

◇我 要 下车！
　wǒ yào xiàchē
　降ります！

◇我 去 方便 一下。
　wǒ qù fāngbiàn yíxià
　トイレに行きたいです。

◇在这里 停车 多少 分钟？
　zàizhèlǐ tíngchē duōshao fēnzhōng
　ここで何分間停車しますか。

3 长途汽车　長距離バス

- イラスト1　長距離バス駅を探します。
  - さくら　　：長距離バス駅は、どこにありますか。
  - 町の人　　：長距離バス駅は、民族ホテルの前です。

- イラスト2　バスの行き先を確認します。
  - さくら　　：このバスはカシュガルに行きますか。
  - 乗客　　　：はい、行きますよ。

- イラスト3　目的地までどのくらいの時間がかかるか聞きます。
  - さくら　　：すみません。カシュガルまではどのくらい時間がかかりますか。
  - 運転手　　：ここからカシュガルまでは6時間かかりますね。

- イラスト4　自分の席に、他人の荷物がおいてあります。
  - さくら　　：あの、ここはわたしの席なんですけど…。
  　　　　　　　これはあなたの荷物でしょ。

- イラスト5　運転手に停車してくれるように頼みます。
  - さくら　　：すみません、トイレに行きたいのですが、とまってもらえませんか。
  - 運転手　　：待ってもらってもいいですか。

- イラスト6　停車時間について聞きます。
  - さくら　　：ここでどれくらいとまりますか。
  - 運転手　　：20分とまります。

- イラスト7　目的地についたら教えてもらうようにします。
  - さくら　　：「人民広場」についたら、すみませんが、教えてもらえませんか。
  - 運転手　　：わかりました。「人民広場」についたら教えます。

Information (信息库)

長距離バスの旅

　都市間交通としてのバスは、鉄道より頻繁に出ているので、鉄道の切符を買うよりも便利です。北京から広州まで行くバスさえあります。しかし、長距離バスの旅は、優雅でリッチな旅というよりも、経済的で、スリルとアドベンチャーを求める人に向いているといえます。天候の悪化や、車両のトラブル、集客などの都合で、時間通りに運行されないこともしばしばです。

　地方の都市間の移動手段としてだけではなく、中国大陸の場合には、国境を越えて隣の国に向かうバスも出ています。たとえば以下のような国境（または行政区）を越える路線があります。

- 黒龍江省　　　　　ハルビン⇔ロシア（ウラジオストック）
- シルクロード　　　カシュガル⇔パキスタン
- 雲南省　　　　　　昆明⇔シーサンパンナ⇔ラオス（ビエンチャン）
- 広西チワン族自治区　南寧⇔ベトナム（ハノイ）
- チベット　　　　　チベット⇔ネパール（不定期）
- 広東省　　　　　　広州⇔香港／マカオ

　ただし、長距離バスを利用しての国境越えは上級者向けで、乗車前の情報収集能力と、さまざまなアクシデントが発生したときのサバイバル能力が必要です。

VOCABULARY（単词）

日本語	中文	ピンイン
乗車券	车票	chēpiào
切符売り場	售票处	shòupiàochù
待合室	候车室	hòuchēshì
バス	巴士	bāshì
豪華バス	豪华巴士	háohuábāshì
寝台	卧铺	wòpù
座席指定	对号座	duìhàozuò
運転手	司机	sījī
おう吐	呕吐	ǒutù

ILLUSTRATION DICTIONARY（绘画单词）〈鉄道駅〉

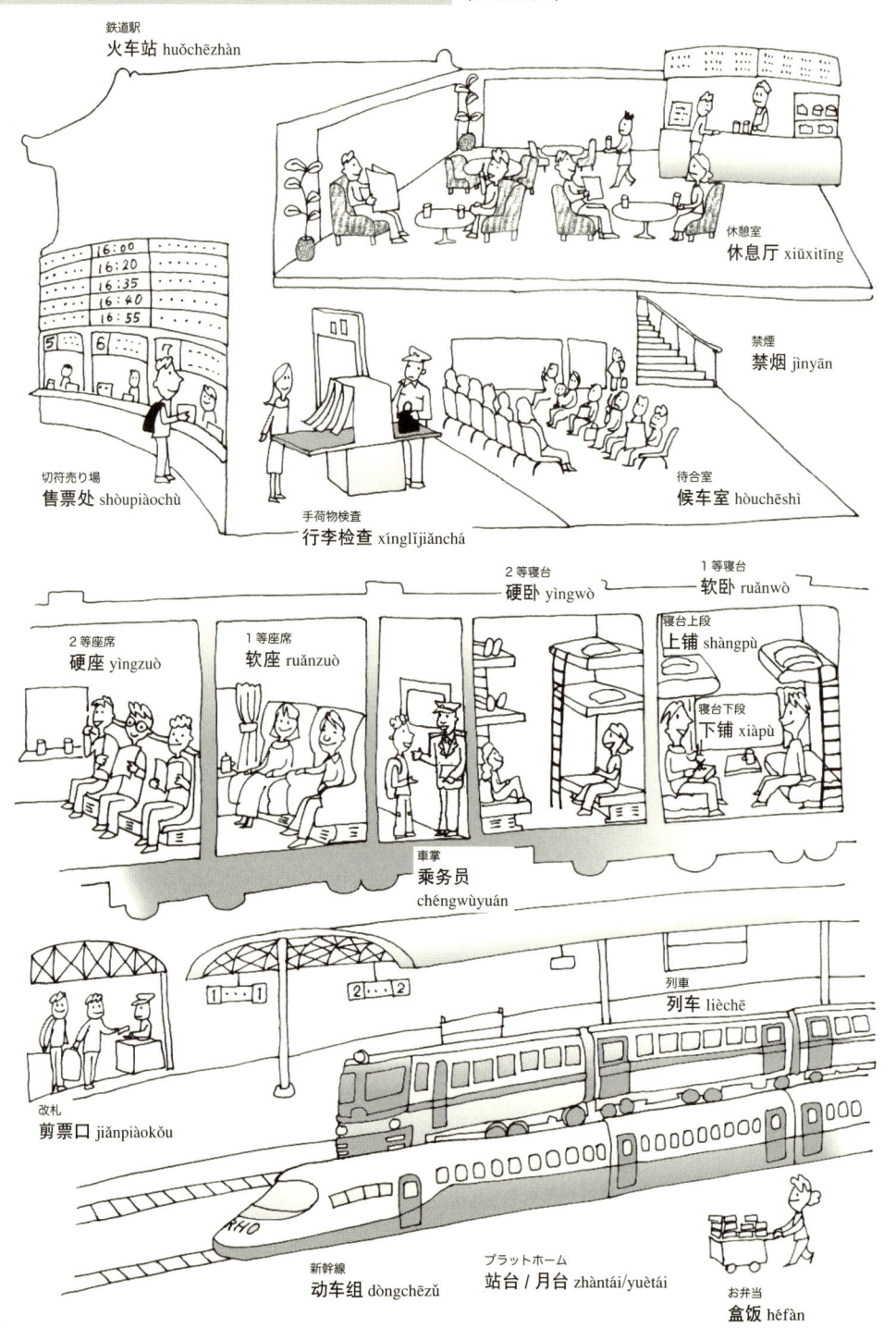

鉄道駅
火车站 huǒchēzhàn

休憩室
休息厅 xiūxitīng

禁煙
禁烟 jìnyān

切符売り場
售票处 shòupiàochù

手荷物検査
行李检查 xínglǐjiǎnchá

待合室
候车室 hòuchēshì

2等寝台
硬卧 yìngwò

1等寝台
软卧 ruǎnwò

2等座席
硬座 yìngzuò

1等座席
软座 ruǎnzuò

寝台上段
上铺 shàngpù

寝台下段
下铺 xiàpù

車掌
乘务员 chéngwùyuán

改札
剪票口 jiǎnpiàokǒu

列車
列车 lièchē

新幹線
动车组 dòngchēzǔ

プラットホーム
站台 / 月台 zhàntái/yuètái

お弁当
盒饭 héfàn

86

Chapter 4 （第4章）
Track 35-40

餐厅　　　　　　　　　　　　　　レストラン

- 1. 看菜单　　　　　メニューを選ぶ
- 2. 点菜　　　　　　料理の注文

1 看菜单　メニューを選ぶ

Track 35

SCENE（场面）1 香港のお店で飲茶のオーダーに挑戦します。

欢迎光临，请问几位？
huānyíngguānglín qǐngwèn jǐ wèi

两位。
liǎng wèi

人数を言います。

您喝什么茶？
nín hē shénme chá

有乌龙茶、茉莉花茶、还有普洱茶。
yǒu wūlóngchá mòlihuāchá háiyǒu pǔěrchá

那，来点茉莉花茶吧。
nà lái diǎn mòlihuāchá ba

お茶を頼みます。

你们要点什么？
nǐmen yào diǎn shénme

要虾仁饺子、烧卖、叉烧包、
yào xiārénjiǎozi shāomài chāshāobāo

小笼包、还要这个肠粉。
xiǎolóngbāo háiyào zhège chángfěn

メニューから頼みます。

要多少？
yào duōshao

每样都要一份。
měiyàng dōu yào yí fèn

分量を言います。

🔑 会話のポイントを確認しましょう。
キーセンテンス（重要句型）

○ **几位**（何人様）→ **Grammar 8**
你们几位？
Nǐmen jǐ wèi
何人様ですか。

○ **点**（注文する）
你们要点什么？
nǐmen yào diǎn shénme
何を注文しますか。

○ **除了～以外...**（～以外に…）→ **Grammar 29**
除了饮茶以外，还有别的吗？
chúle yǐnchá yǐwài háiyǒu bié de ma
飲茶のほかに、何かありますか？

Chapter 4 ①

> 除了 饮茶 以外，还有 别的 吗？
> chúle yǐnchá yǐwài háiyǒu biéde ma

> 有 炒菜、炒饭、汤面、什么 都 有。
> yǒu chǎocài chǎofàn tāngmiàn shénme dōu yǒu

他のメニューについて聞きます。

> 这个 云吞 的 量 有 多少？
> zhège yúntūn de liàng yǒu duōshao

> 不 多。一 人 份。
> bù duō yì rén fèn

分量について聞きます。

> 请 结帐。一共 多少 钱？
> qǐng jiézhàng yígòng duōshao qián

> 总共 二百二十 元。
> zǒnggòng èrbǎièrshí yuán

> 请 慢走。
> qǐng mànzǒu

お勘定をします。

○**一共 / 总共**（全部で）
一共 八 个 人。
yígòng bā ge rén
全部で8人です。

○**结帐**（お勘定する）
请 结帐。
qǐng jiézhàng
お勘定お願いします。

○**慢走**（どうぞお気をつけて）
请 慢走。
qǐng mànzǒu
どうぞお気をつけて。

餐厅 レストラン

1 看菜单　メニューを選ぶ

Track 36

SCENE（场面）2 さくらになって、飲茶をオーダーしてみましょう。

欢迎光临，请问 几 位？
huānyíng guānglín qǐngwèn jǐ wèi

您 喝 什么 茶？
nín hē shénme chá

有 乌龙茶、茉莉花茶、还有 普洱茶。
yǒu wūlóngchá mòlìhuāchá háiyǒu pǔěrchá

人数を言います。

お茶を頼みます。

你们 要 点 什么？
nǐmen yào diǎn shénme

要 多少？
yào duōshao

メニューから頼みます。

分量を言います。

応用表現（应用句子）
Track 37

◆你们 吸烟 吗？
nǐmen xīyān ma
おタバコをお吸いになりますか？

◇请 来 一 杯 乌龙茶，一 杯 茉莉花茶。
qǐng lái yì bēi wūlóngchá, yì bēi mòlìhuāchá
ウーロン茶一つと、ジャスミン茶一つお願いします。

◇里边 有 几 个？
lǐbian yǒu jǐ ge
中に何個入っていますか？

Chapter 4　1　Track 36

有　炒菜、炒饭、汤面、什么　都　有。
yǒu chǎocài chǎofàn tāngmiàn shénme dōu yǒu

他のメニューについて聞きます。

不 多。一 人 份。
bù duō yì rén fèn

分量について聞きます。

总共　二百二十 元。
zǒnggòng èrbǎièrshí yuán

请　慢走。
qǐng mànzǒu

お勘定をします。

◇盘子 大 不 大？
　pánzi dà bu dà

　お皿は大きいですか？

◇再 来 一 个 果盘儿。
　zài lái yí ge guǒpánr

　フルーツ盛りもください。

◇我 买单 了。
　wǒ mǎidān le

　わたしが払いました。

餐厅　レストラン

1

看菜単　メニューを選ぶ

イラスト1　人数を言います。
係の人　：いらっしゃいませ、何名様ですか。
さくら　：2人です。

イラスト2　お茶を頼みます。
係の人　：どんなお茶になさいますか。ウーロン茶、ジャスミン茶、それからプーアル茶があります。
さくら　：ではジャスミン茶をお願いします。

イラスト3　メニューから頼みます。
係の人　：何を注文なさいますか。
さくら　：海老餃子にシュウマイ、チャーシューマン、ショウロンポウ、それから腸粉も。

イラスト4　分量を言います。
係の人　：いくつずつでしょうか？
さくら　：1つ（1単位）ずつお願いします。

イラスト5　他のメニューについて聞きます。
さくら　：飲茶以外に他のものもありますか？
係の人　：炒めもの、チャーハン、タンメンなど、なんでもありますよ。

イラスト6　分量について聞きます。
さくら　：このワンタンの量はどのくらいですか？
係の人　：多くありません。ひとり分です。

イラスト7　お勘定をします。
さくら　：お勘定お願いします。全部でおいくらですか。
係の人　：全部で220元です。どうぞお気をつけて。

飲茶

Information （信息库）

飲茶のオーダーのしかた

　飲茶は、香港や広州などを訪れたときに、ぜひ注文してみたいものです。飲茶には、朝から始まる"早茶"、昼の"午茶"、午後の遅い時間に提供される"下午茶"があります。まず、席についたらお茶の種類を言います。次に、手押しのワゴンが回ってきて、ワゴンに載せられた点心を選びます。しかし自信がない場合、たいていのお店で、テーブルにメニューを書いた点心の注文カードが置いてありますので、それに書いて店員に渡してもよいでしょう。飲茶のメニューを読むのは難しいですが、以下のメニューを知って入れば、基本的なものは頼めるでしょう。

お茶	茉莉花茶	（ジャスミン茶）
	普洱茶	（プーアール茶）
	铁观音	（鉄観音）
	菊花茶	（菊花茶）
蒸し物	虾饺	（海老餃子）
	烧卖	（シュウマイ）
	叉烧包	（チャーシュー饅頭）
	银丝卷	（蒸しパン）
	小笼包	（ショウロンポウ）
	粽子	（ちまき）
揚げ物・焼き物	春卷	（春巻き）
	萝卜丝饼	（大根餅）
	煎肠粉	（いためた腸粉）
	叉烧酥	（チャーシューパイ）
汁物	汤饺	（餃子のスープ）
	云吞(混沌)面	（ワンタン麺）
	红豆汤	（お汁粉）
	粥	（お粥）

VOCABULARY （単词）

お箸	筷子	kuàizi		ナイフ	刀子	dāozi
お碗	碗	wǎn		フォーク	叉子	chāzi
お皿	盘子	pánzi		お醤油	酱油	jiàngyóu
小皿	碟子	diézi		お酢	醋	cù
スプーン	勺子	sháozi		お塩	盐	yán

2 点菜 料理の注文

Track 38

SCENE（場面）1 さくらは、料理の味や量について聞きます。

请问，"宫爆鸡丁"是 什么样 的菜？
qǐngwèn, gōngbàojīdīng shì shénmeyàng de cài

鸡肉 和 花生 一起 炒 的 菜。
jīròu hé huāshēng yìqǐ chǎo de cài

どんな料理か聞きます。

这个 菜 辣 不 辣？
zhège cài là bu là

有 一点 辣。
yǒu yìdiǎn là

料理の味を聞きます。

有没有 清淡 一点 的？
yǒuméiyǒu qīngdàn yìdiǎn de

这个 菜 不 油腻。
zhège cài bù yóunì

あっさりしたものが食べたいです。

服务员，请 给 我 小碟子 和 小碗。
fúwùyuán qǐng gěi wǒ xiǎodiézi hé xiǎowǎn

好 的，你 要 几 个？
hǎo de nǐ yào jǐ ge

小皿をもらいます。

🔑 会話のポイントを確認しましょう。
キーセンテンス（重要句型）

○ **什么样**（どんな） → Grammar 8
什么样 的菜？
shénmeyàng de cài
どんな料理ですか。

○ **辣不辣？**（辛いですか辛くないですか）
辣 不 辣？
là bu là
辛いですか辛くないですか。

咸 不 咸？
xián bu xián
塩辛いですか、塩辛くないですか。

主食 来点 什么？
zhǔshí lái diǎn shénme

主食 有 饺子 吗？
zhǔshí yǒu jiǎozi ma

主食を頼みます。

来 半斤 饺子 吧。
lái bànjīn jiǎozi ba

半斤 饺子，知道 了。
bànjīn jiǎozi zhīdao le

餃子の分量を言います。

那个 包子 好像 很 好吃。
nàge bāozi hǎoxiàng hěn hǎochī

怎么 卖？能 带走 吗？
zěnme mài néng dàizǒu ma

肉まんを持ち帰ります。

○**斤**（500グラム）
一 斤 肉。
yì jīn ròu
肉500グラム

○**知道了**（わかりました。）
我 知道 了。
wǒ zhīdao le
私は了解しました。

○**好像～**（〜のよう／みたい）
好像 很 好吃。
hǎoxiàng hěn hǎochī
美味しそうですね。

○**带走**（持ち帰る／テイクアウト）
带 不 带 走？
dài bu dài zǒu
テイクアウトしますか。

2 点菜　料理の注文　Track 39

SCENE(场面)2 今度は、さくらになって、料理の味や量について聞きましょう。

鸡肉 和 花生 一起 炒 的 菜。
jīròu hé huāshēng yìqǐ chǎo de cài

どんな料理か聞きます。

有 一点 辣。
yǒu yìdiǎn là

料理の味を聞きます。

这个 菜 不 油腻。
zhège cài bù yóunì

あっさりしたものが食べたいです。

好的，你要几个？
hǎo de nǐ yào jǐ ge

小皿をもらいます。

応用表現（应用句子）
Track 40

◇ 味道　怎么样？
wèidao zěnmeyàng

味はどうですか。

◇ 这个 菜，甜 不 甜？
zhège cài tián bu tián

この料理は甘いですか。

◇ 不 放 辣椒，好 吗？
bú fàng làjiāo hǎo ma

唐辛子を、入れないでもらえますか。

主食 来点 什么？
zhǔshí lái diǎn shénme

主食を頼みます。

半斤 饺子，知道 了。
bànjīn jiǎozi zhīdao le

餃子の分量を言います。

肉まんを持ち帰ります。

◇ **给我们 倒 点儿 茶水 好 吗？**
gěi wǒmen dào diǎnr cháshuǐ hǎo ma
お茶を持ってきてもらえますか

◇ **这个 饺子 是 什么 馅儿 的？**
zhège jiǎozi shì shénme xiànr de
この餃子はどんな中身ですか。

◇ **请 给我看 一下 酒水单。**
qǐng gěi wǒ kàn yíxià jiǔshuǐdān
ドリンクメニューを見せてもらえますか。

◇ **这 块 肉，给我 切 小块儿，好 吗？**
zhè kuài ròu gěi wǒ qiē xiǎokuàir hǎo ma
この肉を、小さく切ってもらえませんか。

2 点菜　料理の注文

- イラスト1　どんな料理か聞きます。
  - さくら　：すみません、「宮爆鶏丁」というのはどんな料理ですか？
  - 係の人　：鶏肉とピーナッツを炒めたものです。

- イラスト2　料理の味を聞きます。
  - さくら　：この料理は辛いですか。
  - 係の人　：少し辛いです。

- イラスト3　あっさりしたものが食べたいです。
  - さくら　：あっさりした味のものはありますか
  - 係の人　：これは油っぽくありません。

- イラスト4　小皿をもらいます。
  - さくら　：すみません、小皿とお椀をいただけますか。
  - 係の人　：わかりました。いくつご入り用ですか。

- イラスト5　主食を頼みます。
  - 係の人　：主食は何にしますか。
  - さくら　：餃子はありますか。

- イラスト6　餃子の分量を言います。
  - さくら　：餃子を250グラムお願いします。
  - 係の人　：餃子を250グラムですね。わかりました。

- イラスト7　肉まんを持ち帰ります。
  - さくら　：あの、肉まんは美味しそうですね。
  　　　　　　いくらですか。持ち帰りできますか。

包子（肉まん）

Information （信息库）

中国で手軽に食べられるもの

　　中国の"饺子"は、よく知られているように、一般的には水餃子のことで、ゆでるプロセスの中で、脂分が落ちるので、中華料理のなかでは、あっさりした味わいです。餃子はお店で中身をチョイスするのが楽しく、"韭菜"（ニラ）や"三鲜"（海鮮などのミックス）など一般的なものに加えて、"西葫芦"（ズッキーニ）や"茴香"（ウイキョウ）など、かわった具材を頼んでみるのはどうでしょうか。もし、日本的な焼き餃子が恋しくなったら、"锅贴"（鍋貼餃子）を注文してください。

　　日本でいう肉まんは、中国語では"包子"（バオズ）ですが、たいてい大ぶりの肉まんで、中身がたっぷり詰まっています。一方"馒头"（マントウ）は、中身の具のないもので、小麦の香りがかぐわしいですが、主食として食べるもので、おかずが必要です。そのほか"油条"（揚げパン）"烧饼"（お焼き）なども、小腹を満たすスナックとして、よく食べられています。

　　一方、上海以南では"饺子"がそれほど食べられておらず、餃子を作れない人も多くいます。代わりに食べるのが"混沌"（ワンタン）になります。肉マンは、南方では小ぶりで汁のたっぷりはいった"小笼包"（ショウロンポウ）が街頭で売られています。

　　日本で一般的な、ラーメン類は、中国だと"兰州拉面"（蘭州ラーメン）が有名です。麺の上に牛肉がゴロゴロのっている"牛肉面"（牛肉ラーメン）です。汁のないメンやあっさりしたメンを食べたいなら、"凉面"（冷やし麺）や"炸酱面"（ジャージャー麺）を注文してみてください。

　　欧米のファーストフードの店も、当然のように出店しています。"麦当劳"（マクドナルド）、"肯德基"（ケンタッキー）、"必胜客"（ピザハット）などの欧米系ファーストフード・チェーン店を見つけたら、中国ならではのご当地メニューを探してみるのが楽しみです。

VOCABULARY（単词）

甘い	甜	tián		しびれる	麻	má
辛い	辣	là		いいにおい	香	xiāng
塩辛い	咸	xián		濃い	浓	nóng
酸っぱい	酸	suān		薄い	淡	dàn

ILLUSTRATION DICTIONARY（绘画单词）〈調理方法／メニュー〉

煮詰める
熬 áo

強火でさっと炒める
爆 bào

まぜる・あえる
拌 bàn

炒める
炒 chǎo

長時間煮る
炖 dùn

両面を油で焼く
煎 jiān

直火で表面を焼く
烤 kǎo

濃いタレで煮る
卤 lǔ

ふたをしてゆっくり煮込む
焖 mēn

汁を入れて煮込む
烧 shāo

しゃぶしゃぶする
涮 shuàn

弱火で長時間煮る
煨 wēi

いぶす
熏 xūn

揚げる
炸 zhá

蒸す
蒸 zhēng

煮る
煮 zhǔ

Chapter 5 (第5章)

Track 41-46

买东西　　　　　　　　　　ショッピング

- ① 讨价还价　　　値引き交渉
- ② 选衣服　　　　服を選ぶ

1 讨价还价 値引き交渉

Track 41

SCENE（场面）1 おみやげにする小物をまとめ買いするシーンです。

欢迎光临。您要什么？
huānyíngguānglín nín yào shénme

我想买纪念品。
wǒ xiǎng mǎi jìniànpǐn

おみやげを買いたいです。

这个首饰多少钱？
zhège shǒushì duōshao qián

十块钱一个。
shí kuài qián yí ge

アクセサリーの値段を聞きます。

能不能再便宜点？
néngbunéng zài piányi diǎn

不能再便宜了。
bù néng zài piányi le

値切ります。

如果你多买的话，我就给你便宜点。
rúguǒ nǐ duō mǎi de huà wǒ jiù gěi nǐ piányi diǎn

我买十个吧。
wǒ mǎi shí ge ba

まとめ買いをすると安くなります。

会話のポイントを確認しましょう。
キーセンテンス（重要句型）

○**能不能～**（〜できませんか）
　→ Grammar 16
　能不能 便宜点？
　néngbunéng piányi diǎn
　安くできませんか。

○**再**（さらに／もっと）
　能不能 再便宜点？
　néngbunéng zài piányi diǎn
　さらに安くできませんか。

○**如果～的话**（もし〜ならば）
　→ Grammar 29
　如果你买的话，我也买。
　rúguǒ nǐ mǎi de huà wǒ yě mǎi
　あなたが買うなら、私も買います。

Chapter 5 — 1 Track 41

十个六十块钱，怎么样？
shí ge liùshí kuài qián zěnmeyàng

六十元

六十 块 钱，太 便宜 了
liùshí kuài qián tài piányi le

料金を提示します。

给 七十 块 钱 的 话，就 卖 给 你。
gěi qīshí kuài qián de huà jiù mài gěi nǐ

七十元

七十 就 七十 吧。
qīshí jiù qīshí ba

料金が決着します。

你 真 会 讲价。
nǐ zhēn huì jiǎngjià

哪里 哪里。
nǎli nǎli

値切りが上手ですね。

买东西 ショッピング

○ **太〜**（〜すぎる）
太 贵 了。
tài guì le
高すぎますよ。

○ **给〜**（〜に：介詞）→ Grammar 14
我 卖 给 你。
wǒ mài gěi nǐ
あなたに売ります。

○ **哪里 哪里**（いえいえ）
你 说 得 很 好。
nǐ shuō de hěn hǎo
お話がお上手ですね。

哪里 哪里。
nǎli nǎli
いえいえ（それほどでも）。

1 讨价还价 値引き交渉

Track 42

SCENE(场面)2 みなさんは値引き交渉は得意でしょうか。チャレンジしてみましょう。

欢迎光临。您要什么?
huānyíngguānglín nín yào shénme

おみやげを買いたいです。

十块钱一个。
shí kuài qián yí ge

アクセサリーの値段を聞きます。

如果你多买的话,我就给你便宜点。
rúguǒ nǐ duō mǎi de huà wǒ jiù gěi nǐ piányi diǎn

不能再便宜了。
bù néng zài piányi le

値切ります。

まとめ買いをすると安くなります。

応用表現(応用句子)

Track 43

◇ 我看一看。
wǒ kàn yi kàn
ちょっと見ているだけです。

◇ 能不能打开看一看?
néngbunéng dǎkāi kàn yi kàn
開けてみてもいいですか。

◇ 总共是多少钱?
zǒnggòng shì duōshao qián
全部でおいくらですか。

Chapter 5 **1** Track 42

给 七十 块 钱 的 话，就 卖 给 你。
gěi qīshí kuài qián de huà jiù mài gěi nǐ

六十元

六十 块 钱，太 便宜 了
liùshí kuài qián tài piányi le

料金を提示します。

七十元

料金が決着します。

你 真 会 讲价。
nǐ zhēn huì jiǎngjià

値切りが上手ですね。

◆两 个 一 套。
liǎng ge yí tào

２個でワンセットです。

◇给 我 便宜 点，好 吗？
gěi wǒ piányi diǎn hǎo ma?

安くしてもらえませんか。

◇我 还是 不 买 了。
wǒ háishi bù mǎi le

やっぱり買うのはやめました。

买东西 ショッピング

1

讨价还价　値引き交渉

- イラスト1　おみやげを買いたいです。
  店員　　：いらっしゃいませ。何かほしいものがありますか。
  さくら　：お土産を買いたいです。

- イラスト2　アクセサリーの値段を聞きます。
  さくら　：このアクセサリーは1ついくらですか。
  店員　　：1つ10元です。

- イラスト3　値切ります。
  さくら　：もっと安くなりませんか。
  店員　　：うーん、できませんねぇ。

- イラスト4　まとめ買いをすると安くなります。
  店員　　：もし、たくさん買うなら安くできます。
  さくら　：10個、お願いします。

- イラスト5　料金を提示します。
  さくら　：10個で60元でどうですか。
  店員　　：60元では安すぎます。

- イラスト6　料金が決着します。
  店員　　：10個で70元なら売ります。
  さくら　：70元というなら70元でいいですよ。

- イラスト7　値切りが上手ですね。
  店員　　：値切りが上手ですね。
  さくら　：いえいえ。

瑠璃廠(北京)にて

Information (信息库)

安く買うために――とっておきのマーケット

　華やかなデパートやホテルに入っている高級ブティックでの買い物は、目の保養になりますが、同じものなら少しでも安く手に入れたいのが人の心理！そのためには、"批发市场"といわれるマーケットや、工場から直接仕入れて売る個人商店で買うことをお勧めします。ここでは、比較的歴史があって穴場といわれるマーケットをいくつかご紹介しましょう。

　【北京】紅橋市場（崇文区天壇公園対面）
　有名な天壇公園の隣。複合ビルの中に、服、靴、カバン、土産物、おもちゃ、宝石などを売る個人商店がところ狭しと並んでいる。

　【上海】上海市軽紡市場（曹安路1618号）
　上海市の郊外にある横長のビックなマーケット、衣服、絨毯、雑貨、家具などさまざまなものが売られている。

　【台湾】五分埔服飾特区（松山駅南）
　無数の個人商店がひしめく服飾品中心の問屋街。ここで仕入れも行われる。

　【香港】スタンレー（赤柱）市場（香港島赤柱）
　香港島の中でも、外国人の居住者の多いエリアにあって、欧米のブランド子供服や雑貨も売られており香港らしさが感じられる。

　これらのマーケットで買い物をするためには、少なくとも半日以上の時間をとる必要があります。同じものが複数の店で売られていることが多いので、本当に安く買うためには、いくつかの店をまわって、値段交渉をしてみてください。

VOCABULARY（単語）

イヤリング	耳环	ěrhuán		水墨画	水墨画	shuǐmòhuà
指輪	戒指	jièzhi		絨毯	地毯	dìtǎn
ネックレス	项链	xiàngliàn		記念コイン	纪念币	jìniànbì
腕輪	手镯	shǒuzhuó		ハンコ	印章	yìnzhāng
花瓶	花瓶	huāpíng		絵葉書	明信片	míngxìnpiàn

2 选衣服 服を選ぶ

Track 44

SCENE（场面）1 さくらは好きなタイプの服を買うために交渉します。

羊绒衫　在哪儿　卖？
yángróngshān zài nǎr mài

羊绒衫　的柜台　在五楼。
yángróngshān de guìtái zài wǔ lóu

カシミヤのセーターを売っている場所を聞きます。

有没有　更　小　的？
yǒumeiyǒu gèng xiǎo de

这个　比　那个　小。
zhège bǐ nàge xiǎo

小さいサイズのセーターがほしいことを伝えます。

可以　试一试　吗？
kěyǐ shì yi shì ma

当然　可以。试　吧。
dāngrán kěyǐ shì ba

試着をしていいか聞きます。

这个　颜色　有点　鲜艳。
zhège yánsè yǒudiǎn xiānyàn

有没有　淡　颜色　的？
yǒumeiyǒu dàn yánsè de

好みの色合いについて伝えます。

会話のポイントを確認しましょう。
キーセンテンス（重要句型）

○ ～比… （～とくらべて…は）
→ Grammar 14
这个　比　那个　便宜。
zhège bǐ nàge piányi
これはあれより安い。

○ 试一试 （ちょっと～する：動詞の重ね型）
→ Grammar 24
我　试一试　吧。
wǒ shì yi shì ba
ちょっと試してみましょう。

没有 淡 颜色 的。
méiyǒu dàn yánsè de

只有 这 一种 颜色。
zhǐyǒu zhè yìzhǒng yánsè

淡い色のはありません。

这 是 百分之百 羊绒 的 吗？
zhè shì bǎi fēn zhī bǎi yángróng de ma

没 问题，绝对 纯羊绒。
méi wèntí juéduì chúnyángróng

純粋なカシミヤかどうか聞きます。

请 到 那个 收银台 交钱。
qǐng dào nàge shōuyíntái jiāoqián

交完 钱，把 票子 拿回来。
jiāowán qián bǎ piàozi náhuílai

カウンターでお金を払います。

○**没问题** (問題ありません／大丈夫です)
绝对 没 问题。
juéduì méi wèntí
絶対問題ありません。

○**只有** (ただ~ある)
只有 这个。
zhǐyǒu zhège
ただこれだけです。

○**拿回来** (持って帰ってくる：方向補語)
→ **Grammar 27**
把 票子 拿回来
bǎ piàozi náhuílai
レシートを持って帰ってください。

2 选衣服 服を選ぶ

Track 45

SCENE（場面）2 今度はさくらになって好きなタイプの服を買いましょう。

羊绒衫 的柜台 在 五 楼。
yángróngshān de guìtái zài wǔ lóu

カシミヤのセーターを売っている場所を聞きます。

这个 比 那个 小。
zhège bǐ nàge xiǎo

小さいサイズのセーターがほしいことを伝えます。

当然 可以。试 吧。
dāngrán kěyǐ shì ba

試着をしていいか聞きます。

好みの色合いについて伝えます。

応用表現（応用句子）

Track 46

◇ 我 找不到。
wǒ zhǎobudào

探せません。

◇ 有没有 别的？
yǒumeiyǒu biéde

別のありませんか。

◇ 这个 比 那个 贵。
zhège bǐ nàge guì

これはあれより高いですね。

没有 淡 颜色 的。
méiyǒu dàn yánsè de

只有 这 一种 颜色。
zhǐyǒu zhè yìzhǒng yánsè

淡い色のはありません。

没 问题，绝对 纯羊绒。
méi wèntí juéduì chúnyángróng

純粋なカシミヤかどうか聞きます。

请 到 那个 收银台 交钱。
qǐng dào nàge shōuyíntái jiāoqián

交完 钱，把 票子 拿回来。
jiāowán qián bǎ piàozi náhuilai

カウンターでお金を払います。

◇这件 的 号码 是 多少？
zhèjiàn de hàomǎ shì duōshao

これのサイズは何ですか。

◇我 没有 现金。
wǒ méiyǒu xiànjīn

現金を持っていません。

◇可以 寄 到 日本 吗？
kěyǐ jì dào rìběn ma

日本まで郵送してもらえませんか。

2

选衣服　服を選ぶ

イラスト1　カシミヤのセーターを売っている場所を聞きます。
　　　さくら　：カシミヤのセーターはどこで売っていますか。
　　　店の人　：カシミヤのセーターのコーナーは5階です。

イラスト2　小さいサイズのセーターがほしいことを伝えます。
　　　さくら　：もう少し小さいのはありませんか。
　　　店の人　：このセーターはそのセーターより小さいです。

イラスト3　試着をしていいか聞きます。
　　　さくら　：試着してもいいですか。
　　　店の人　：もちろんですよ。試着してみてください。

イラスト4　好みの色合いについて伝えます。
　　　さくら　：色が少し派手ですね。
　　　　　　　　もう少し淡い色のものはありませんか。

イラスト5　淡い色のはありません。
　　　店の人　：淡い色のはありません。色は一種類だけです。

イラスト6　純粋なカシミヤかどうか聞きます。
　　　さくら　：このセーターは100パーセントカシミヤですか。
　　　店の人　：だいじょうぶです。100パーセントカシミヤです。

イラスト7　カウンターでお金を払います。
　　　店の人　：では、あそこのカウンターでお金を払ってください。
　　　　　　　　払い終わったら、レシートをこちらに持ってきてください。

Information（信息库）

中国のおみやげあれこれ

　民芸品や工芸品は名所旧跡でも買えるが、観光地の値段になっているので、少し高いことが多いです。その土地限定のもの以外のアクセサリーやぬいぐるみなどは、前節で紹介した"批发市场"のほうが安く買えます。ただし、スケジュールがいっぱいで時間がない場合は、観光地で買うのもやむを得ないでしょう。

　食品の類は、ホテルのショッピングモールや高級デパートでは売っていません。ぜひ地元のスーパーをのぞいてみてください。小麦粉でつくられた"包子、馒头、面条"などおいしそうなものがいっぱい売られていますが、持ち帰れないので、その場でおなかに入れるしかありません。ハムやソーセージなど生鮮食料品類もお土産としては持ち帰れません。一方、飴やお菓子、インスタントラーメン、調味料などは問題ありません。日系の製菓会社のつくったお菓子で、中国語がかいてあるものをお土産にする人も多いですね。

　中国南部や台湾、香港の市場では、ドラゴンフルーツ"火龙果"、スターフルーツ"五叶桃"、パパイヤ"木瓜"、ドリアンフルーツ"榴莲果"など色とりどりのフルーツに目を奪われます。ぜひお土産にしたいのですが、これも日本への持ち込み不可。その場で買って食べてみてください。フルーツ類はグラムいくらと量り売りの場合が多いです。

　工芸品を買う場合には、筆や墨、水墨画、農民画などこだわりのものを文筆用具の専門市場でじっくり探すのがよいでしょう。こういったところには琵琶や笛などの民族楽器も売っています。これならば、よいお土産になりますが、胡弓はワシントン条約該当物品なので、日本への持ち帰りはちょっと無理でしょう。

　"茅台""五粮液"に代表される白酒、紹興酒、葡萄酒などの中国酒は、大変喜ばれるお土産になります。機内に持ち込めないので、トランクに入れることになります。帰国時に時間の余裕があるなら、空港でチェックインしたあと、免税品店で買うのがよいでしょう。

VOCABULARY（単词）

赤色	红色	hóngsè	青色	蓝色	lánsè
白色	白色	báisè	緑色	绿色	lǜsè
黒色	黑色	hēisè	灰色	灰色	huīsè
紫色	紫色	zǐsè	茶色	茶色	chásè
黄色	黄色	huángsè			

ILLUSTRATION DICTIONARY（绘画单词）〈マーケット・市場〉

書画用品
书画用品 shūhuàyòngpǐn

文具店
文具四宝店 wénjùsìbǎodiàn

おもちゃ
玩具 wánjù

チーパオ
旗袍 qípáo

シルク
丝绸 sīchóu

生活用品
生活用品 shēnghuóyòngpǐn

腕時計
手表 shǒubiǎo

眼鏡
眼镜 yǎnjìng

スカート
裙子 qúnzi

ズボン
裤子 kùzi

帽子
帽子 màozi

ネクタイ
领带 lǐngdài

室内装飾品
室内装饰品 shìnèizhuāngshìpǐn

シャツ
衬衫 chènshān

ベルト
皮带 pídài

パジャマ
睡衣 shuìyī

骨董
古玩 gǔwán / 古董 gǔdǒng

ファッション
时装 shízhuāng

Chapter 6 (第6章)

Track 47-55

在街上　　　　　　　　　　　　　　　街（1）

1. 问路　　　　　　道を聞く
2. 旅游胜地　　　　観光地
3. 银行　　　　　　銀行

1 问路 道を聞く

Track 47

SCENE(場面)1 道を確認しながら、目的地にたどりつくシーンです。

请问，士林 夜市 在 哪儿？
qǐngwèn shìlín yèshì zài nǎr

士林 夜市 在 剑潭站。
shìlín yèshì zài jiàntánzhàn.

ホテルで夜店の場所を聞きます。

怎么 去 才 好？
zěnme qù cái hǎo

先 坐 三号 线 的 地铁，然后 换 五号 线。
xiān zuò sān hào xiàn de dìtiě ránhòu huàn wǔ hào xiàn

どうやって行けばいいですか。

在 哪儿 换 车？
zài nǎr huàn chē

在 台北站 换 车。
zài táiběizhàn huàn chē

どこで乗り換えるのですか。

去 夜市，在 这里 下车，可以 吗？
qù yèshì zài zhèlǐ xià chē kěyǐ ma

不对，在 下一站 下车。
bú duì zài xiàyízhàn xià chē

ここで降りるのですか。

🔑 キーセンテンス (重要句型)
会話のポイントを確認しましょう。

○ **先… 然后～**（まず…そして～）
→ **Grammar 29**
先 坐 地铁 然后 坐 火车。
xiān zuò dìtiě rán hòu zuòhuǒchē

まず地下鉄に乗って、それから列車に乗ります。

○ **对吗？**（あっていますか）
对 吗？
duì ma

あっていますか。

○ **不对**（ちがいます）
你 说 的 不对。
nǐ shuō de bú duì

あなたの言っていることは、ちがいます。

Chapter 6 — 1 — Track 47

去夜市往这边走,对吗?
qù yèshì wǎng zhèbiān zǒu duì ma

往左拐走五十米就是。
wǎng zuǒ guǎi zǒu wǔshí mǐ jiù shì

こちらの道があっているか聞きます。

算命的店在哪里?
suànmìng de diàn zài nǎli

算命的店在斜对面楼的地下。
suànmìng de diàn zài xiéduìmiànlóu de dìxià

占いの店の場所を聞きます。

这里有懂日语的人吗?
zhèlǐ yǒu dǒng rìyǔ de rén ma

懂日语的人在那儿。
dǒng rìyǔ de rén zài nàr

日本語のわかる人はいますか。

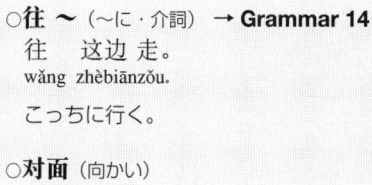

○**往 〜**(〜に・介詞) → **Grammar 14**
往 这边 走。
wǎng zhèbiānzǒu.
こっちに行く。

○**对面**(向かい)
斜对面
xiéduìmiàn
斜め向かい

○**…的〜**(…する(ところの)〜)
→ **Grammar 7**
懂日语的人
dǒng rìyǔ de rén
日本語のわかる人

在街上 街(1)

1 问路 道を聞く

Track 48

SCENE（場面）2 今度は、さくらになって道を聞いてみましょう。

士林 夜市 在 剑潭站。
shìlín yèshì zài jiàntánzhàn.

ホテルで夜店の場所を聞きます。

先 坐 三号 线 的 地铁，然后 换 五号 线。
xiān zuò sān hào xiàn de dìtiě ránhòu huàn wǔ hào xiàn

どうやって行けばいいですか。

在 台北站 换 车。
zài táiběizhàn huàn chē

どこで乗り換えるのですか。

不 对，在 下一站 下车。
bú duì zài xiàyizhàn xià chē

ここで降りるのですか。

应用表现（応用句子）

Track 49

◇ **我 现在 在 哪儿？**
wǒ xiànzài zài nǎr?

私は今どこにいるのでしょうか。

◇ **先 吃饭 然后 去 看 杂技。**
xiān chīfàn ránhòu qù kàn zájì

まずご飯を食べてから、雑技を見に行きましょう。

◇ **去 深圳 在 这里 坐 汽车，对 吗？**
qù shēnzhèn zài zhèlǐ zuò qìchē duì ma

深圳に行くには、ここでバスに乗るので、いいでしょうか？

往 左 拐 走五十米 就是。
wǎng zuǒ guǎi zǒu wǔshí mǐ jiù shì

こちらの道があっているか聞きます。

算命 的店 在 斜对面楼 的 地下。
suànmìng de diàn zài xiéduìmiànlóu de dìxià

占いの店の場所を聞きます。

懂 日语 的 人 在 那儿。
dǒng rìyǔ de rén zài nàr

日本語のわかる人はいますか。

◆往 右 拐，走 一百 米 就 是。
　 wǎng yòu guǎi zǒu yìbǎi mǐ jiù shì
　 右に曲がって、100メートル歩くとそこです。

◆往 前走，就 有 十字路口。
　 wǎng qiánzǒu jiù yǒu shízìlùkǒu
　 まっすぐ行くと、十字路があります。

◆夜市 在 火车站 的 北边。
　 yèshì zài huǒchēzhàn de běibiān
　 夜店は駅の北側です。

1

問路　道を聞く

- (イラスト1)　ホテルで夜店の場所を聞きます。
  - さくら　　：夜店（士林夜市）はどこでやっていますか。
  - フロント　：士林夜市は剣潭駅にあります。

- (イラスト2)　どうやって行けばいいですか。
  - さくら　　：どうやって行けばいいですか。
  - フロント　：まず、地下鉄の3号線に乗って、5号線に乗り換えてください。

- (イラスト3)　どこで乗り換えるのですか。
  - さくら　　：どこで乗り換えるのですか。
  - フロント　：台北駅で乗り換えます。

- (イラスト4)　ここで降りるのですか。
  - さくら　　：夜店に行きたいのですが、ここで降りるのですか。
  - 通行人1　：ちがいます、次の駅です。

- (イラスト5)　こちらの道があっているか聞きます。
  - さくら　　：夜店に行くには、この道であっていますか。
  - 通行人2　：左に曲がって、50メートル歩けば、そこです。

- (イラスト6)　占いの店の場所を聞きます。
  - さくら　　：占いの店はどこにありますか。
  - 通行人3　：占いの店は斜め向かいのビルの地下にあります。

- (イラスト7)　日本語のわかる人はいますか。
  - さくら　　：こちらに、日本語のわかる人はいますか。
  - 店主　　　：日本語のわかる人は、あちらにいます。

Information (信息库)

アジアのナイトマーケット "夜市"

アジアの夏の夜は暑くて長い…。短い旅行のなかで時間を有効につかうには、夏の夕暮れをナイトマーケットで過ごしてみるのはどうでしょうか。中国語では"夜市"といいます。売っているものを見ると、人々の生活がわかるし、夕食も安くすませられる、服やお土産が安く買えるなど、充実した時間を過ごすことができるでしょう。

中国では、シルクロードなど地方の町でも夕方に市が立つことが多いです。行く前にそれぞれの町の繁華街の場所をチェックしておきましょう。

【各地の有名なナイトマーケット】
【中国】
　　北京：东华门夜市
　　杭州：吴山夜市
　　广州：西湖灯光夜市／黄花夜市／珠光夜市／小港夜市／沙河夜市／沙圆夜市
【台湾】
　　台北：士林夜市／饒河街夜市／華西街夜市、萬華夜市／臨江街夜市
　　基隆：廟口夜市
　　台中：精明街夜市／一中街夜市
　　台南：小北夜市／花園夜市
　　高雄：六合夜市
　　花蓮：南濱觀光夜市
【シンガポール】
　　チャイナタウン／ブギス・ストリート
【香港】
　　庙街／女人街

VOCABULARY（単词）

前に行く	往前走	wǎng qián zǒu	東に行く	往东走	wǎng dōng zǒu
後ろに行く	往后走	wǎng hòu zǒu	南に行く	往南走	wǎng nán zǒu
右に曲がる	往右拐	wǎng yòu guǎi	西に行く	往西走	wǎng xī zǒu
左に曲がる	往左拐	wǎng zuǒ guǎi	北に行く	往北走	wǎng běi zǒu

2 旅游胜地 観光地　Track 50

SCENE（场面）1 このシーンでは、観光地で使うフレーズを練習しましょう。

门票 是 多少 钱？
ménpiào shì duōshao qián

二十 块 钱。
èrshí kuài qián

入場料を聞きます。

这张 票 可以 进 熊猫馆 吗？
zhèzhāng piào kěyǐ jìn xióngmāoguǎn ma

这张 票 不可以 进，还要 另外 买 票。
zhèzhāng piào bù kěyǐ jìn, háiyào lìngwài mǎi piào

パンダ館も見られるか聞きます。

要 纪念品 吗？
yào jìniànpǐn ma

我 不要。
wǒ búyào

売り手の誘いを断ります。

这里 可以 照相 吗？
zhèlǐ kěyǐ zhàoxiàng ma

可以。
kěyǐ

写真撮影が可能かどうか聞きます。

会話のポイントを確認しましょう。
キーセンテンス（重要句型）

○**是～吗？**（～ですか：確認）
是 按 这儿 吗？
shì àn zhèr ma

ここを押すのですか。

○**不好意思**（すみません／はずかしいです）
不 好 意思,
bù hǎo yìsi

请 给 我 照 一 张 相, 好 吗？
qǐng gěi wǒ zhào yì zhāng xiàng hǎo ma

すみません、写真をとってください。

Chapter 6 — 2 Track 50

不好意思，麻烦您给我照一张相，好吗？
bù hǎo yìsi máfan nín gěi wǒ zhào yì zhāng xiàng hǎo ma

好的。是按这儿吗？
hǎo de shì àn zhèr ma

写真をとってもらいます。

这个建筑物是什么时候建的？
zhège jiànzhùwù shì shénme shíhou jiàn de

这个建筑物是1906年建的。
zhège jiànzhùwù shì yījiǔlíngliù nián jiàn de

建物の歴史について聞きます。

洗手间在哪儿？
xǐshǒujiān zài nǎr

出口旁边就有洗手间。
chūkǒu pángbiān jiù yǒu xǐshǒujiān

トイレの場所を聞きます。

○ **麻烦你** (すみません／ご面倒をおかけします)
麻烦你，给我看一下。
máfan nǐ gěi wǒ kàn yíxià
すみません、見せてもらえますか。

○ **什么时候** (いつ) → Grammar 8
什么时候建的？
shénme shíhou jiàn de
いつ建てられたものですか。

○ **往〜** (〜に：介詞) → Grammar 14
往前走就有洗手间。
wǎng qián zǒu jiù yǒu xǐshǒujiān
まっすぐ行くと、トイレがあります。

在街上街 (1)

2 旅游胜地　観光地　　Track 51

SCENE（场面）2 今度は、さくらになって観光地を見物してみましょう。

二十　块　钱。
èrshí　kuài　qián

入場料を聞きます。

这张　票　不可以进，还要　另外　买　票。
zhèzhāng piào bù kěyǐ jìn háiyào lìngwài mǎi piào

パンダ館も見られるか聞きます。

要　纪念品　吗？
yào jìniànpǐn ma

売り手の誘いを断ります。

可以。
kěyǐ

写真撮影が可能かどうか聞きます。

应用表现（应用句子）
Track 52

◇这个　票　是　通票　吗？
zhège piào shì tōngpiào ma

これは全部（のアトラクションが）見られる券ですか。

◇说"茄子"
shuō qiézi

（写真撮るとき）「チーズ」と言ってください。

◆这里　不　允许　拍照。
zhèlǐ bù yǔnxǔ pāizhào

ここで撮影をしてはいけません。

Chapter 6 — 2 Track 51

好 的。是 按 这儿 吗？
hǎo de shì àn zhèr ma

写真をとってもらいます。

这个 建筑物 是 1906 年 建 的。
zhège jiànzhùwù shì yījiǔlíngliù nián jiàn de

建物の歴史について聞きます。

出口 旁边 就 有 洗手间。
chūkǒu pángbiān jiù yǒu xǐshǒujiān

トイレの場所を聞きます。

◇ 这里 允许 抽烟 吗？
　zhèlǐ yǔnxǔ chōuyān ma

　ここでたばこを吸ってもいいですか。

◆ 这 是 清代 的 建筑物。
　zhè shì qīngdài de jiànzhùwù

　これは清代の建築物です。

◇ 请 给 我 作 向导。
　qǐng gěi wǒ zuò xiàngdǎo

　ちょっと案内してもらえませんか。

◆ 厕所 在 外面。
　cèsuǒ zài wàimian

　トイレは外です。

在街上　街（1）

2

旅游胜地　観光地

- **イラスト1**　入場料を聞きます。
  - さくら　　：入場券はいくらですか。
  - 係員　　　：入場券は20元です。

- **イラスト2**　パンダ館も見られるか聞きます。
  - さくら　　：この券でパンダ館も見られますか。
  - 係員　　　：いいえパンダ館は見られません。別にチケットを買います。

- **イラスト3**　売り手の誘いを断ります。
  - 売り子　　：記念品を買いませんか。
  - さくら　　：いいえ、結構です。

- **イラスト4**　写真撮影が可能かどうか聞きます。
  - さくら　　：写真をとってもいいですか。
  - 係員　　　：かまいません。

- **イラスト5**　写真をとってもらいます。
  - さくら　　：すみません。写真をとっていただけませんか。
  - 通行人2　　：いいですよ。ここを押せばいいのですね。

- **イラスト6**　建物の歴史について聞きます。
  - さくら　　：この建物はいつ建てられたのですか。
  - 係員　　　：この建物は、1906年に建てられたものです。

- **イラスト7**　トイレの場所を聞きます。
  - さくら　　：トイレはどこですか。
  - 係員　　　：出口のそばにトイレがあります。

パンダ（北京動物園）

Information (信息库)

中国の有名な世界遺産

　中国は、たいへん大きな国で、数多くの世界遺産を巡ることができます。たとえば、北京を訪問すれば、万里の長城、明・清王朝皇宮（故宮）、頤和園、天壇、明・清王朝の皇帝墓群（明の十三陵）などの世界遺産を全部見学することができます。

　北京郊外には承徳避暑山荘と外八廟があります。こちらも世界遺産ですが、1泊の小旅行になるでしょう。このほか初心者向きの観光地・世界遺産観光としては、西安の秦始皇帝陵（陝西省）、曲阜の孔廟、孔林、孔府（山東省）などがありますが、これらは基本的な世界遺産めぐりといえましょう。

　これらの見学を終えた人は、次のステップとして、行く人の比較的少ない世界遺産を訪れてみましょう。たとえば、仏教関係の史跡としては、莫高窟（甘粛省）、龍門洞窟（河南省）、雲崗洞窟（山西省）がありますし、少し苦労をして、麗江古城（雲南省）、平遥古城（山西省）に出かけてみましょう。人々の暮らしとともに、歴史がそのまま息づいているのを感じることができるでしょう。

　雄大な自然の美しさや神秘を感じるには、世界自然遺産に指定されている、九寨溝（四川省）、黄龍風景区（四川省）、武陵源（湖南省）などがお勧めです。九寨溝と黄龍風景区はカルスト地形の湖沼を、武陵源では、水墨画的な世界を満喫することができます。

　中国の辺境や周辺部の世界遺産では、ラサのポタラ宮の歴史的遺跡群（チベット自治区）が有名です。また、国際都市香港にいったら、マカオまで足を延ばしてマカオ歴史地区（マカオ特別行政区）を見学してみてください。

VOCABULARY（単词）

日本語	中文	ピンイン
開門	开门	kāimén
閉門	关门	guānmén
ガイド	导游	dǎoyóu
解説	讲解	jiǎngjiě
たばこ	香烟	xiāngyān
写真	照片	zhàopiàn
有料	收费	shōufèi
無料	免费	miǎnfèi
撮影禁止	请勿拍照	qǐng wù pāizhào

3 银行 銀行

Track 53

SCENE（场面）1 中国の銀行で日本円を人民元に交換してみましょう。

您 好。请问，这个 银行 可以 兑换 外汇 吗？
nín hǎo qǐngwèn zhège yínháng kěyǐ duìhuàn wàihuì ma

我 想 把 日元 换成 人民币。
wǒ xiǎng bǎ rìyuán huànchéng rénmínbì

有 身份证 就 可以。
yǒu shēnfènzhèng jiù kěyǐ

您 换 多少？
nín huàn duōshao

さくらはこの銀行で両替できるか聞きます。

銀行員はいくら両替するか聞きます。

我 想 换 三万 日元。
wǒ xiǎng huàn sānwàn rìyuán

一万 日圆 兑换 五百八十六 元 人民币。
yíwàn rìyuán duìhuàn wǔbǎibāshiliù yuán rénmínbì

今天 的 汇率 是 多少？
jīntiān de huìlǜ shì duōshao

那么，请 给 我 兑换 吧。
nàme qǐng gěi wǒ duìhuàn ba

今日のレートを確認します。

両替を決めます。

🔑 会話のポイントを確認しましょう。
キーセンテンス（重要句型）

○**把～换成…**（～を…に換える）
把 日元 换成 人民币。
bǎ rìyuán huànchéng rénmínbì
日本円を人民元に換える。

○**填**（ブランクを埋める、記入する）
填 表。
tián biǎo
表に記入する。

○**也**（～も）
护照 也 给 我 看 一下。
hùzhào yě gěi wǒ kàn yíxià
パスポートも見せてください。

请 填 一下 单子。
qǐng tián yíxià dānzi

护照 也 给 我 看 一下。
hùzhào yě gěi wǒ kàn yíxià

申請用紙にサインします。

我 要 零钱。十元、二十元 都 想 要,可以 吗?
wǒ yào língqián shí yuán èrshí yuán dōu xiǎng yào kěyǐ ma

没关系,可以 的。
méiguānxi kěyǐ de

こまかいお金がほしいです。

请问,用 这 张 卡 可以 取钱 吗?
qǐngwèn yòng zhè zhāng kǎ kěyǐ qǔqián ma

可以。自动 取款机 就 在 那里。
kěyǐ zìdòng qǔkuǎnjī jiù zài nàli

カードでお金を引き出せますか。

○**都**(全部/すべて)
十 元、二十 元 都 要。
shí yuán èrshí yuán dōu yào

10元札も、20元札も全部要ります。

○**没关系**(かまいません)
我 可以 出去 吗?
wǒ kěyǐ chūqù ma

出てもいいですか

没关系。
méiguānxi

かまいません。

3 银行 銀行

Track 54

SCENE(场面)2 さくらになって銀行で日本円を人民元に交換してみましょう。

有 身份证 就 可以。
yǒu shēnfènzhèng jiù kěyǐ

さくらはこの銀行で両替できるか聞きます。

您 换 多少？
nín huàn duōshao

銀行員はいくら両替するか聞きます。

一万 日圆 兑换 五百八十六 元 人民币。
yíwàn rìyuán duìhuàn wǔbǎibāshíliù yuán rénmínbì

今日のレートを確認します。

両替を決めます。

应用表现（应用句子）
Track 55

◇ 这个 店 可以 用 旅行 支票 吗？
zhège diàn kěyǐ yòng lǚxíng zhīpiào ma

この店では、トラベラーズチェックが使えますか。

◇ 请 把 人民币 换成 日元。
qǐng bǎ rénmínbì huànchéng rìyuán

この人民元を日本円にしてください。

◇ 外汇牌价 是 多少？
wàihuìpáijià shì duōshao

外貨レートはいくらですか。

请 填 一下 单子。
qǐng tián yíxià dānzi

护照 也 给 我 看 一下。
hùzhào yě gěi wǒ kàn yíxià

申請用紙にサインします。

没关系，可以 的。
méiguānxi kěyǐ de

こまかいお金がほしいです。

可以。自动 取款机 就 在 那里。
kěyǐ zìdòng qǔkuǎnjī jiù zài nàli

カードでお金を引き出せますか。

◆这个 银行 星期天 不 营业。
zhège yínháng xīngqītiān bù yíngyè

この銀行は日曜日は営業していません。

◆这个 宾馆 不 对外 兑换。
zhège bīnguǎn bú duìwài duìhuàn

このホテルでは、外向けに両替（宿泊者以外の方の両替）をしていません。

◆您 自己 查 一下。
nín zìjǐ chá yíxià

どうぞご自分でお調べください。

3 銀行　銀行

（イラスト1） さくらはこの銀行で両替できるか聞きます。
　　さくら　：こんにちは、この銀行で外貨の両替はできますか。
　　銀行員　：身分証明証があれば、できます。

（イラスト2） 銀行員はいくら両替するか聞きます。
　　さくら　：日本円を人民元に両替したいのですが。
　　銀行員　：いくら両替を希望ですか。

（イラスト3） 今日のレートを確認します。
　　さくら　：3万円です。
　　　　　　　今日のレートはいくらですか。

（イラスト4） 両替を決めます。
　　銀行員　：今日のレートは1万円が586元になっています。
　　さくら　：では両替しましょう。

（イラスト5） 申請用紙にサインします。
　　銀行員　：この紙に記入してください。
　　　　　　　パスポートも見せてください。

（イラスト6） こまかいお金がほしいです。
　　さくら　：こまかいお金がほしいです。10元札も20元札もほしいのですが…
　　銀行員　：かまいません、大丈夫です。

（イラスト7） カードでお金を引き出せますか。
　　さくら　：すみません、このカードで直接お金を引き出せますか。
　　銀行員　：できます。現金自動支払機はあちらにございます。

Information （信息库）

中国へのお金の持って行き方

　　中国語圏の通貨は、地域によってそれぞれ違っています。中国の通貨は"元"(yuán) で、通貨の記号は日本と同じ￥をつかいます。時に"圓"(yuán) とも表記し、北方を中心に、1元を1块 (kuài)、1角を1毛 (máo) ということのほうが多いので注意が必要です。そのほかの中国語圏の通貨は以下のおとりです。

香港	HK$	Hong Kong dollar	"港元""港幣"
マカオ	MOP$	Pataca	"澳門幣"
台湾	NT$	New Taiwan dollar	"新臺幣"
新加坡	S$	Singapore dollar	"新加坡元"

　　現金は、空港またはホテル、銀行で両替できます。中国の場合には、ホテルは宿泊している人にしか両替サービスをしていなかったり、銀行は外貨を扱っている銀行が限られていたりします。銀行でも営業日・営業時間（土日は営業していない、昼休みが2時間など）の制限があるので、注意が必要です。一方、香港、台湾、マカオでは、両替所が町の中にあるので、営業時間を気にする必要はありまりないでしょう。

　　お金の持って行き方としては、現金、トラベラーズチェック（TC）、クレジットカードの三種類があります。現金は便利ですが、交換レートが悪い。トラベラーズチェックは、交換レートがよく、万一なくしても取り戻せますが、大きな店でしか通用しません。クレジットカードを使うのが心配だという人でも、カードを持っているといざというときの保険になります。以上、日本円、トラベラーズチェック、クレジットカードの特徴を理解して、これら数種類を分散して携帯することをお勧めします。

VOCABULARY （単词）

両替所	兑换处	duìhuànchù
外貨	外汇	wàihuì
コイン	硬币	yìngbì
現金	现金	xiànjīn
小銭	零钱	língqián
トラベラーズチェック	旅行支票	lǚxíngzhīpiào
手数料	手续费	shǒuxùfèi

ILLUSTRATION DICTIONARY（绘画单词）〈街〉

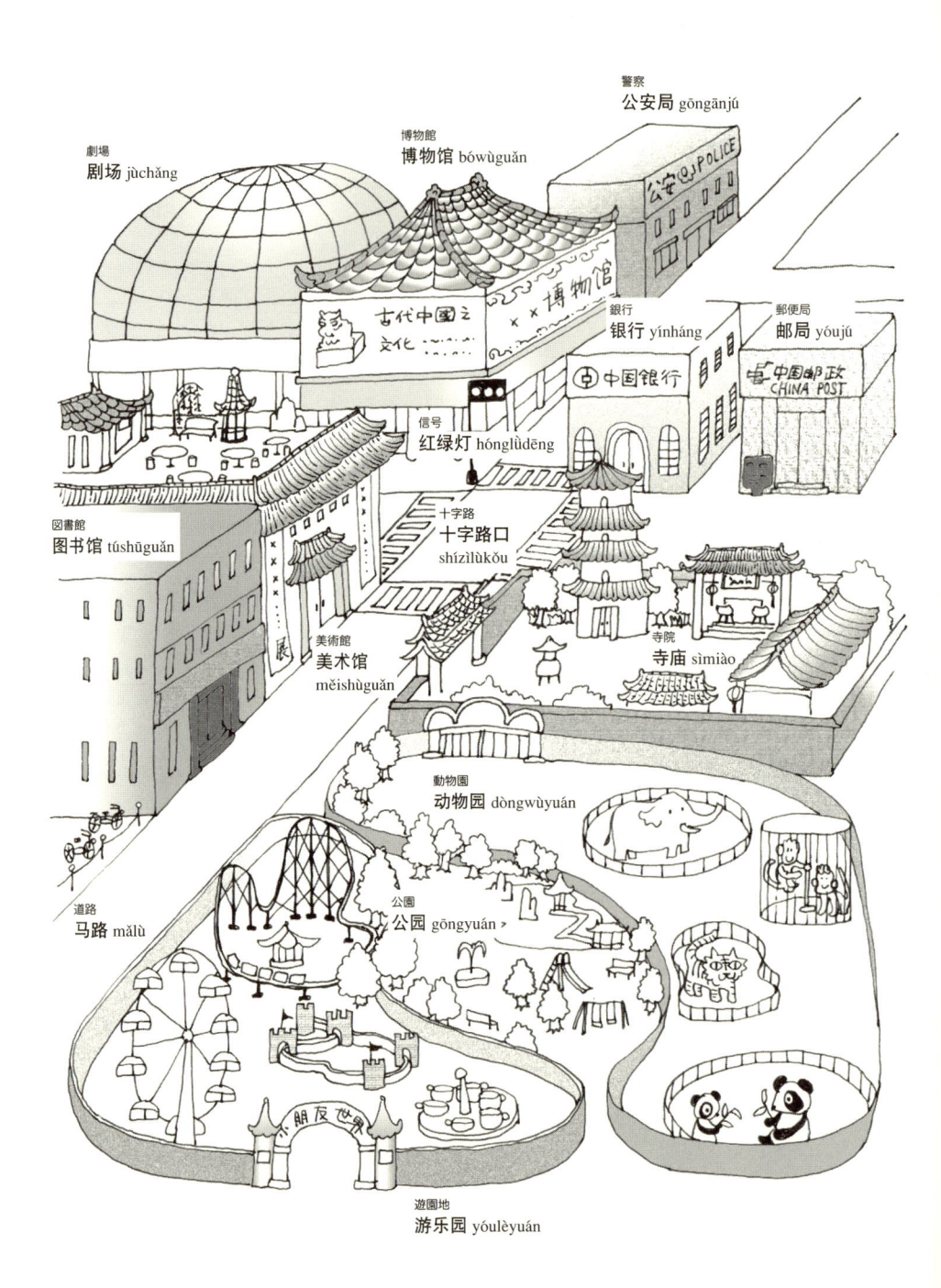

- 劇場 **剧场** jùchǎng
- 博物館 **博物馆** bówùguǎn
- 警察 **公安局** gōngānjú
- 銀行 **银行** yínháng
- 郵便局 **邮局** yóujú
- 信号 **红绿灯** hónglǜdēng
- 図書館 **图书馆** túshūguǎn
- 十字路 **十字路口** shízìlùkǒu
- 寺院 **寺庙** sìmiào
- 美術館 **美术馆** měishùguǎn
- 動物園 **动物园** dòngwùyuán
- 道路 **马路** mǎlù
- 公園 **公园** gōngyuán
- 遊園地 **游乐园** yóulèyuán

Chapter 7 (第7章)
Track 56-61

在街上　　　　　　　　　　　　街（2）

---

1. 医院　　　　　病院
2. 按摩　　　　　マッサージ

1 医院 病院

Track 56

SCENE（场面）1 さくらといっしょに医師とのやりとりを練習しましょう。

我 有点 不 舒服。
wǒ yǒudiǎn bù shūfu

ちょっと気分が悪いのですが。

你好。你怎么了？
nǐ hǎo nǐ zěnme le

大厅 左边 有医务室，您 最好 去 看 一 看。
dàtīng zuǒbiān yǒu yīwùshì nín zuìhǎo qù kàn yi kàn

我 浑身 发冷，恶心。
wǒ húnshēn fālěng ěxin

さむけがします。

头 也 有点 晕。
tóu yě yǒudiǎn yūn

请 张嘴，我 看看 你 的 嗓子。
qǐng zhāngzuǐ wǒ kànkan nǐ de sǎngzi

量 一下 体温 吧。
liáng yíxià tǐwēn ba

噢，发炎 了。
ō fāyán le

頭もくらくらします。

腫れていますね。

🔑 会話のポイントを確認しましょう。
キーセンテンス（重要句型）

○**最好〜**（〜したほうがよい）
你 最好 去 看 一 看。
nǐ zuìhǎo qù kàn yi kàn

ちょっと見にいったほうがいいです。

○**怎么了？**（どうしましたか） → Grammar 8
你 怎么 了？
nǐ zěnme le

あなたどうしましたか？

○**开药**（薬を出す）
我 给 你 开药。
wǒ gěi nǐ kāiyào

わたしはあなたに薬を出します。

这里 的 空气 很 干燥，不 适应 吧。
zhèlǐ de kōngqì hěn gānzào bú shìyìng ba

我 给 你 开 消炎药 和 感冒药。
wǒ gěi nǐ kāi xiāoyányào hé gǎnmàoyào

薬を出しましょう。

这个 药，怎么 吃？
zhège yào zěnme chī

早上
中午
晚上

一 天 三 次，饭后 服用。
yì tiān sān cì fànhòu fúyòng

どうやって服用しますか。

希望 你 早日 康复！
xīwàng nǐ zǎorì kāngfù

谢谢 大夫。
xièxie dàifu

早くよくなるといいですね。

○**怎么～**（どうやって~する）
怎么 吃？
zěnme chī

どうやってたべますか。

○**次**（回数を表す助数詞）
一 小时 一 次。
yì xiǎoshí yí cì

1時間に1回。

○**希望**（~を希望する）
希望 你 早 点 回来。
xīwàng nǐ zǎo diǎn huílai

早く帰ってきてほしいです。

1 医院 病院

Track 57

SCENE(场面)2 さくらになってお医者さんと話してみましょう。

你好。你怎么了？
nǐ hǎo　nǐ zěnme le

大厅 左边 有 医务室，您 最好 去 看 一 看。
dàtīng zuǒbiān yǒu yīwùshì　nín zuìhǎo qù kàn yi kàn

ちょっと気分が悪いのですが。

さむけがします。

请 张嘴，我 看看 你 的 嗓子。
qǐng zhāngzuǐ wǒ kànkan nǐ de sǎngzi

量 一下 体温 吧。
liáng yíxià tǐwēn ba

噢，发炎 了。
ō fāyán le

頭もくらくらします。

腫れていますね。

応用表現（应用句子）
Track 58

◇我 拉 肚子 了。
wǒ lā dùzi le

わたしはおなかを壊しました。

◇我 发烧 了。
wǒ fāshāo le

熱があります。

◇我 嗓子 疼。
wǒ sǎngzi téng

のどが痛いです。

Chapter 7 — 1 Track 57

这里 的 空气 很 干燥，不 适应 吧。
zhèlǐ de kōngqì hěn gānzào bú shìyìng ba

我 给 你 开 消炎药 和 感冒药。
wǒ gěi nǐ kāi xiāoyányào hé gǎnmàoyào

薬を出しましょう。

早上
中午
晚上

一 天 三 次，饭后 服用。
yì tiān sān cì fànhòu fúyòng

どうやって服用しますか。

希望 你 早日 康复！
xīwàng nǐ zǎorì kāngfù

早くよくなるといいですね。

◇ **我 没有 食欲。**
wǒ méiyǒu shíyù.
食欲がありません。

◇ **我 胃 疼。**
wǒ wèi téng
胃が痛いです。

◇ **我 感冒 了。**
wǒ gǎnmào le
風邪をひきました。

◇ **我 受伤 了。**
wǒ shòushāng le.
けがをしました。

1

医院　病院

(イラスト1)　ちょっと気分が悪いのですが。
さくら　：ちょっと気分が悪いのですが。
ホテル　：ロビーの左側に医務室がありますので、見てもらったらいかがですか。

(イラスト2)　さむけがします。
医師　　：こんにちは。どうしましたか。
さくら　：さむけがして気持が悪いです。

(イラスト3)　頭もくらくらします。
さくら　：頭もくらくらします。
医師　　：体温を測りましょう。

(イラスト4)　腫れていますね。
医師　　：口をあけて、喉をみせてください。
　　　　　ああ、腫れていますね。

(イラスト5)　薬を出しましょう。
医師　　：こちらは空気が乾燥していて、慣れないでしょう。
　　　　　抗生物質とアスピリンを出しましょう。

(イラスト6)　どうやって服用しますか。
さくら　：どうやって服用すればいいですか。
医師　　：食事のあとで、1日3回服用してください。

(イラスト7)　早くよくなるといいですね。
医師　　：早くよくなるといいですね。
さくら　：ありがとうございます。

Information (信息库)

旅行に役立つ常備薬

　旅行中に薬屋に行って症状を伝え、薬を買うのは骨が折れます。中国の薬は、日本のものよりも効き目が強く感じられます。やはり旅行のときは、日本から自分に合った薬を常備するのがよいと思います。以下に旅行に役立つ薬について紹介します。

- 風邪薬：日本からの旅行者は、大陸性の乾燥した気候に耐えられず、のどや鼻の風邪にかかることが非常に多いです。のど、鼻の風邪の炎症からくる風邪に効くものを持って行きましょう。
- 胃腸薬：中華料理の油っこさに慣れることができずに、中国旅行をはじめて2、3日しておなかを壊す人が多いです。さらに、宴会に招待されて、強いお酒で乾杯を繰り返し、胃腸を壊す場合もよくあります。
- アスピリン：解熱剤として活躍するとともに、大都市を旅行して、排気ガスと日差しによって起こりがちな頭痛にも効果を発揮します。
- 下痢止め：こちらも中華料理になれずに、おなかを壊して下痢をするケースがあるのと、長距離バスでトイレを我慢しなければならないため、予防として飲む場合もあります。
- 酔い止め：船に乗るとき、長距離バスに乗るとき、人に迷惑をかけないようにあらかじめ酔い止めを飲んでおくとよいでしょう。ただし眠くなります。
- 保湿クリーム：乾燥した気候で肌が荒れることがあります。クリームを皮膚につけると乾燥を防げます。
- リップクリーム：同様な理由で、唇の乾燥を防ぎます。
- 使い捨てカイロ：冬に北方中国を旅行する場合、外出するときの必需品です。

　このほか、薬ではありませんが、生理用品、携帯用ウェットティッシュなども、地方を旅行している場合は重宝します。絆創膏もちょっとしたキズやけがの対処に持っているとよいですね。

VOCABULARY（単語）

風邪	感冒	gǎnmào		点滴	点滴	diǎndī
体温	体温	tǐwēn		消毒	消毒	xiāodú
血圧	血圧	xuèyā		手術	手术	shǒushù
注射	打针	dǎzhēn		入院	住院	zhùyuàn

2 按摩　マッサージ　　　　Track 59

SCENE(場面)1 さくらといっしょにマッサージサロンに出かけてみましょう。

你好，我 想 按摩。
nǐ hǎo wǒ xiǎng ànmó

这里 有 什么样 的 服务？
zhèlǐ yǒu shénmeyàng de fúwù

マッサージをうけたいことを伝えます。

脚底按摩、头部按摩、还有 全身按摩。
jiǎodǐànmó tóubùànmó háiyǒu quánshēnànmó

全身按摩 需要 多长 时间？
quánshēnànmó xūyào duōcháng shíjiān

どれくらい時間がかかりますか。

大约 两个 小时 吧。
dàyuē liǎngge xiǎoshí ba

请 换上 这件 衣服。
qǐng huànshang zhèjiàn yīfu

着替えの指示があります。

不要 紧张，请 放松。
bú yào jǐnzhāng qǐng fàngsōng

别 太 使劲儿。
bié tài shǐjìnr

あまり強くしないでください。

会話のポイントを確認しましょう。
キーセンテンス (重要句型)

○**動詞 + 上** (つける・つく)
请 换上 衣服。
qǐng huànshang yīfu
服を身につけてください。

○**別 + 動詞** (〜しないでください)
别 说话。
bié shuōhuà
話をしないでください。

○**不要紧张** (〜する必要はありません)
不 要 紧张。
bú yào jǐnzhāng
緊張しないでください。

请 趴下。
qǐng pāxia

请 抬起 身。
qǐng táiqǐ shēn

体を起してください。

你 平时 哪儿 疼？
nǐ píngshí nǎr téng

我 的 腰部 经常 疼。
wǒ de yāobù jīngcháng téng

痛いところを言います。

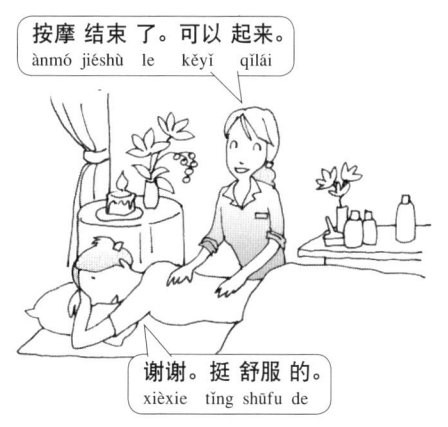

按摩 结束 了。可以 起来。
ànmó jiéshù le kěyǐ qǐlái

谢谢。挺 舒服 的。
xièxie tǐng shūfu de

おしまいです。

○ **動詞 ＋ 起**（起こす） → **Grammar 27**
抬起 身。
táiqǐ shēn
体を起こしなさい。

○ **起来**（起きて来る） → **Grammar 27**
你 起来 吧。
nǐ qǐlái ba
起きてください。

○ **结束**（終わる）
宴会 结束 了。
yànhuì jiéshù le
宴会が終わりました。

2 按摩 マッサージ

Track 60

SCENE(場面)2 今度はさくらになって自分の意志を伝えましょう。

脚底按摩、头部按摩、还有 全身按摩。
jiǎodǐanmó tóubùanmó háiyǒu quánshēnànmó

マッサージをうけたいことを伝えます。

どれくらい時間がかかりますか。

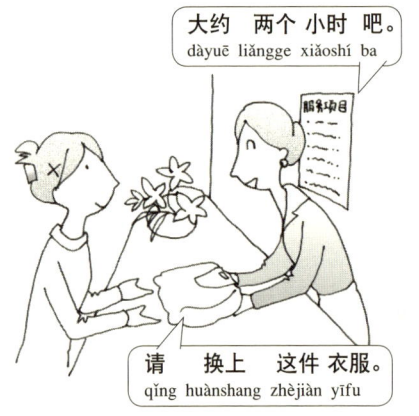

大约 两个 小时 吧。
dàyuē liǎngge xiǎoshí ba

请 换上 这件 衣服。
qǐng huànshang zhèjiàn yīfu

着替えの指示があります。

不要 紧张，请 放松。
bú yào jǐnzhāng qǐng fàngsōng

あまり強くしないでください。

応用表現（応用句子）

Track 61

◆那里 有 浴池 和 桑拿浴。
nàlǐ yǒu yùchí hé sāngnáyù

あそこにお風呂とサウナがあります。

◇我 想 理发。
wǒ xiǎng lǐfà

散発をしたいのですが。

◇稍微 重 一点，好 吗？
shāowēi zhòng yìdiǎn hǎo ma

ちょっと強くしていただけませんか。

Chapter 7 ② Track 60

请 趴下。
qǐng pāxia

请 抬起 身。
qǐng táiqǐ shēn

体を起してください。

你 平时 哪儿 疼？
nǐ píngshí nǎr téng

痛いところを言います。

按摩 结束 了。可以 起来。
ànmó jiéshù le kěyǐ qǐlái

おしまいです。

◇请 再轻 一点。
　qǐng zài qīng yìdiǎn
　ちょっと軽くしていただけませんか。

◇我 的 头 经常 疼。
　wǒ de tóu jīngcháng téng
　わたしは頭がいつも痛いです。

◇太 烫 了。
　tài tàng le
　熱すぎますよ。

在街上 街 (2)

2 按摩　マッサージ

(イラスト1)　マッサージをうけたいことを伝えます。
　　　　　　さくら　　　：こんにちは。マッサージをしてもらいたいのですが。
　　　　　　　　　　　　　こちらは、どんなコースがありますか。

(イラスト2)　どれくらい時間がかかりますか。
　　　　　　フロント　　：足裏マッサージと、頭部マッサージそれに、全身マッサージ
　　　　　　　　　　　　　があります。
　　　　　　さくら　　　：全身マッサージはどれくらい時間がかかりますか。

(イラスト3)　着替えの指示があります。
　　　　　　フロント　　：約2時間です。
　　　　　　　　　　　　　この服に着替えてください。

(イラスト4)　あまり強くしないでください。
　　　　　　マッサージ師：緊張しないでリラックスしてください。
　　　　　　さくら　　　：あまり強くしないでくださいね。

(イラスト5)　体を起してください。
　　　　　　マッサージ師：うつぶせになってください。
　　　　　　　　　　　　　体を起してください。

(イラスト6)　痛いところを言います。
　　　　　　マッサージ師：いつも痛いところがありますか。
　　　　　　さくら　　　：腰がいつもいたいです。

(イラスト7)　おしまいです。
　　　　　　マッサージ師：マッサージはおしまいです。起きてください。
　　　　　　さくら　　　：ありがとうございました。全身爽快になりました。

Information (信息库)

中国語圏のビーチリゾート

ビーチリゾートでイメージされるのはハワイやバリ島。中国と白砂のビーチリゾートは結びつかないかもしれませんが、実は、中国語圏内にも、青い海でリゾート感覚を楽しめるところがいくつかあります。

1. 中国・海南島

中国海南省の海南島は、ヤシの木が茂る熱帯の気候と美しい砂浜で知られています。リー族やミャオ族などの少数民族の多く住む島でもあります。欧米のリゾートホテル、ヒルトン、シェラトン、マリオット、ザ・リッツ・カールトンなどが建てられ、一流のサービスを受けることができます。亜龍湾ビーチ、大東海ビーチ、三亜湾ビーチという三つの美しいビーチでは、海水浴やマリンスポーツが楽しめます。海で遊ぶ以外にも、天涯海角、鹿回頭公園、蝶々谷、猿島、西島、蜈支洲島といった観光スポットがあり、また、南田温泉、田原温泉などでは、露天ぶろやスパ、そしてマッサージなどでリフレッシュできます。

海南島大東海ビーチ

VOCABULARY（単词）

日本語	中文	ピンイン	日本語	中文	ピンイン
病院	医院	yīyuàn	婦人科	妇科	fùkē
救急車	救护车	jiùhùchē	歯科	牙科	yákē
医者	医生	yīshēng	漢方医	中医	zhōngyī
看護婦	护士	hùshi	薬局	药店	yàodiàn
内科	内科	nèikē	薬	药	yào
外科	外科	wàikē	入院する	住院	zhùyuàn
眼科	眼科	yǎnkē			

在街上 街 (2)

2. 台湾・墾丁

　高雄からバスで2時間半程度かかることから、開発はそれほどすんでいませんが、熱帯植物、サンゴ性の海岸、豊富なシーフードなどにめぐまれ、のんびりと楽しめるリゾート地です。ホテルは、ハワードビーチリゾート、シーザーパークホテル、など現地の資本のものです。メインのビーチは、小湾海水浴場、サーフィンやダイビングなどのマリンスポーツが楽しめます。そのほか、鵝鑾鼻灯台・公園、大尖山、墾丁牧場、墾丁森林遊楽区（墾丁公園）など、観光スポットがいくつもあります。

台北の海岸

3. シンガポール・セントーサ（聖淘沙）島

　セントーサ島は、モノレール、ケーブルカー、バス、タクシー、徒歩とあらゆるアクセスが可能で、シンガポールに観光に行くと、必ず訪れる場所です。ビーチは、シロソ・ビーチ (Siloso Beach)、パラワン・ビーチ (Palawan Beach)、タンジョン・ビーチ (Tanjong Beach) の3つがあります。また、都市近郊の行楽地として、さまざまなアトラクションが準備されています。バタフライ・パーク＆昆虫界（昆虫のいる熱帯植物園）、イメージ・オブ・シンガポール（シンガポールの歴史や文化）、セントーサ・4D・マジックス（立体映像）、セントーサ・リュージュ＆スカイライド（アトラクション）、Tiger スカイ・タワー（展望タワー）、シロソ砦・ツアー（要塞の模型）、ドルフィン・ラグーン（イルカショー）、アンダーウォーター・ワールド（水族館）などの娯楽施設が数えきれないほどあります。

　このほかにも、中国語圏であなただけのリゾートを探してみてください。

海南島の小島

海南島呀諾達の熱帯雨林

セントーサ島

ILLUSTRATION DICTIONARY（绘画单词）〈身体〉

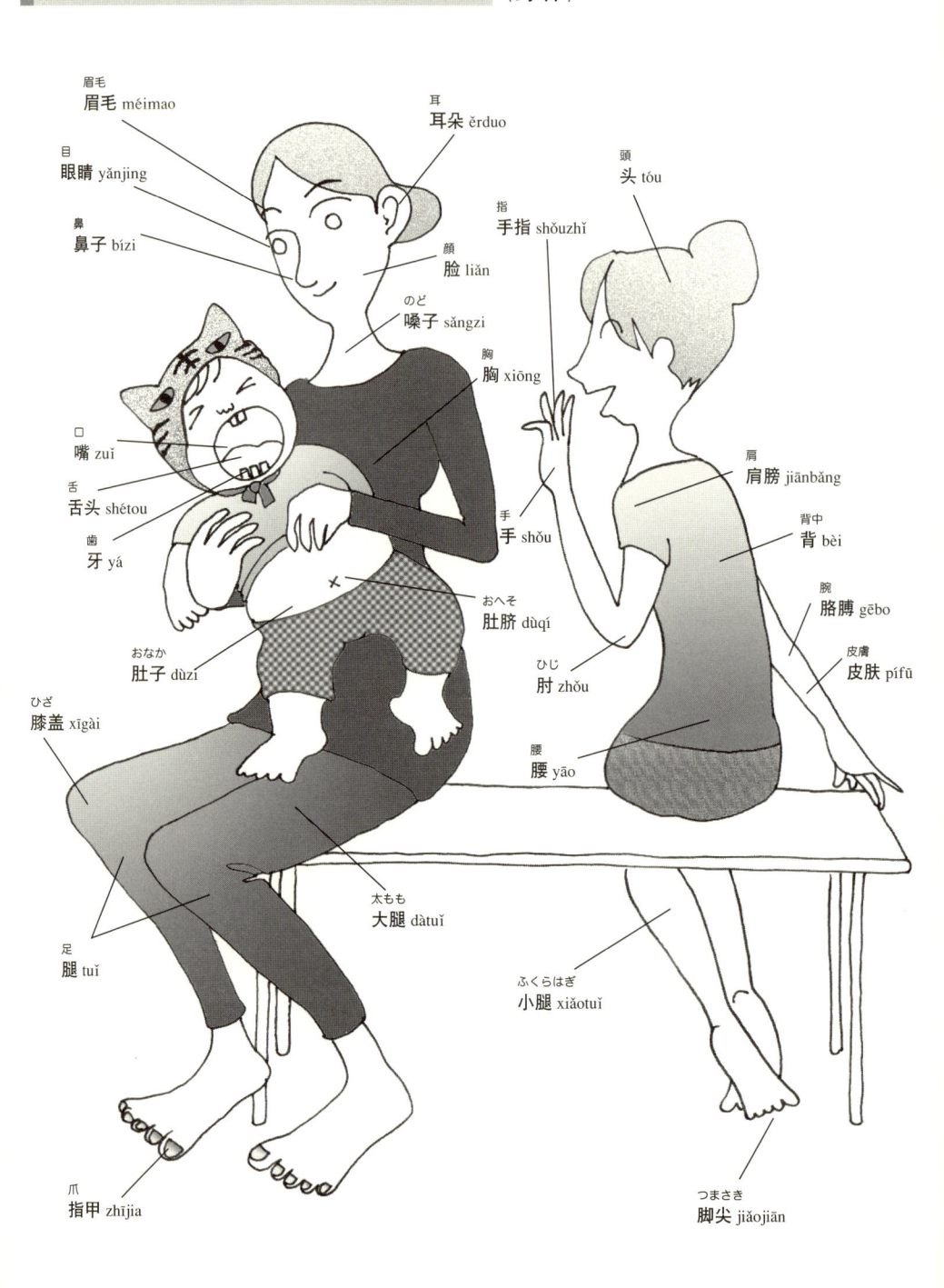

- 眉毛 méimao
- 眼睛 yǎnjing
- 鼻子 bízi
- 耳朵 ěrduo
- 脸 liǎn
- 嗓子 sǎngzi
- 手指 shǒuzhǐ
- 头 tóu
- 胸 xiōng
- 嘴 zuǐ
- 舌头 shétou
- 牙 yá
- 手 shǒu
- 肩膀 jiānbǎng
- 背 bèi
- 胳膊 gēbo
- 皮肤 pífū
- 肚脐 dùqí
- 肘 zhǒu
- 肚子 dùzi
- 腰 yāo
- 膝盖 xīgài
- 大腿 dàtuǐ
- 腿 tuǐ
- 小腿 xiǎotuǐ
- 指甲 zhǐjia
- 脚尖 jiǎojiān

Chapter 8 (第8章)

Track 62-67

交往　　　　　　　　　　　　　　　　　人と会う

1. 家庭访问　　　　　ホームステイ
2. 宴席　　　　　　　宴席

1 家庭访问　ホームステイ　Track 62

SCENE(场面)1 さくらは上海の友だちの両親のうちに遊びに行きます。

你好，我是丽丽的母亲。
nǐ hǎo wǒ shì lìli de mǔqin

您好，初次见面。
nín hǎo chū cì jiànmiàn

お母さんと対面します。

我叫藤谷樱花。
wǒ jiào ténggǔ yīnghuā

欢迎！请进。
huānyíng qǐng jìn

家に入ります。

这个房子很大，而且很漂亮。
zhège fángzi hěndà érqiě hěn piàoliang

谢谢，这个房子总共有三百平方米。
xièxie zhège fángzi zǒnggòng yǒu sānbǎi píngfāngmǐ

お家をながめます。

请问，你是大学生吗？
qǐngwèn nǐ shì dàxuéshēng ma

不是，我现在在一个汽车公司工作。
bú shì wǒ xiànzài zài yí ge qìchēgōngsī gōngzuò

仕事について話します。

🔑 会話のポイントを確認しましょう。
キーセンテンス (重要句型)

○**初次见面** (はじめてお目にかかります)
初次见面，我叫王宁。
chū cì jiànmiàn wǒ jiào wángníng
はじめてお目にかかります。わたしは王寧と申します。

○**平方米** (平方メートル)
你家有多少平方米？
nǐ jiā yǒu duōshao píngfāngmǐ
あなたの家は、何平方メートルですか。

○**在～工作** (～で仕事をする)
→ Grammar 14
我在汽车公司工作。
wǒ zài qìchēgōngsī gōngzuò
わたしは自動車会社で働いています。

Chapter 8 - 1 Track 62

日本 的 汽车 在 中国 挺 有名。比如，
rìběn de qìchē zài zhōngguó tǐng yǒumíng bǐrú

丰田呀、 本田 等等。
fēngtiánya běntián děngděng

对 了，我们 家 的 车 就是 本田 的。
duì le wǒmen jiā de chē jiùshì běntián de

自動車会社の話題です。

你 今年 多大 了？
nǐ jīnnián duōdà le

26

我 今年 二十六 岁。
wǒ jīnnián èrshíliù suì

年齢を聞かれます。

你 喜欢 吃 中国菜 吗？咱们 一起 做 吧！
nǐ xǐhuan chī zhōngguócài ma zánmen yìqǐ zuò ba

好，我 非常 喜欢 做 菜。
hǎo wǒ fēicháng xǐhuan zuò cài

料理をいっしょに作ります。

○**比如**（たとえば）
中国 有 汽车公司，比如 上海、
zhōngguó yǒu qìchēgōngsī bǐrú shànghǎi
东风、 长安 等等。
dōngfēng chángān děngděng

中国には自動車会社があります。たとえば、
上海、東風、長安などです。

○**喜欢～**（するのが好き）→ **Grammar 11**
我 喜欢 吃 也 喜欢 做。
Wǒ xǐhuan chī yě xǐhuan zuò

わたしは、食べるのも好き、作るのも好きです。

○**咱们一起～**（いっしょに～しましょう）
→ **Grammar 1**
咱们 一起 包 饺子 吧。
zánmen yìqǐ bāo jiǎozi ba

いっしょに餃子を作りましょう。

1 家庭访问　ホームステイ

Track 63

SCENE（场面）2 今度はさくらになって上海の家を訪問します。

你好，我是丽丽的母亲。
nǐ hǎo wǒ shì lìlì de mǔqin

お母さんと対面します。

欢迎！请进。
huānyíng qǐng jìn

家に入ります。

这个房子很大，而且很漂亮。
zhège fángzi hěndà érqiě hěn piàoliang

谢谢，这个房子总共有三百平方米。
xièxie zhège fángzi zǒnggòng yǒu sānbǎi píngfāngmǐ

お家をながめます。

请问，你是大学生吗？
qǐngwèn nǐ shì dàxuéshēng ma

仕事について話します。

应用表现（应用句子）

Track 64

◆我是丽丽的父亲。
　wǒ shì lìlì de fùqin

　わたしはリーリーの父親です。

◇第一次见面。はじめてお目にかかります。
　dì yī cì jiànmiàn

◆中国有很多世界遗产，比如，万里
　zhōngguó yǒu hěnduō shìjièyíchǎn bǐrú wànlǐ
　长城、故宫、天坛、颐和园等等。
　chángchéng gùgōng tiāntán yíhéyuán děngděng

　中国にはたくさん世界遺産があります。たとえば、万里の長城、故宮、天壇、頤和園などです。

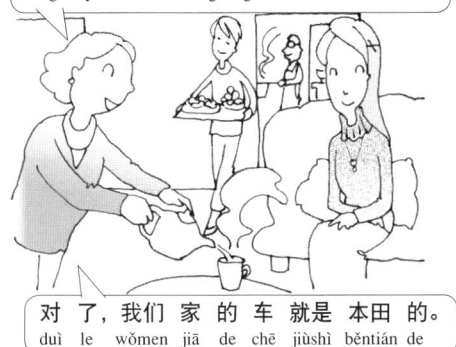

Chapter 8 - 1 Track 63

> 日本 的 汽车 在 中国 挺 有名。比如，
> rìběn de qìchē zài zhōngguó tǐng yǒumíng bǐrú
> 丰田呀、 本田 等等。
> fēngtiányɑ běntián děngděng

> 你 今年 多大 了？
> nǐ jīnnián duōdà le

> 对 了，我们 家 的 车 就是 本田 的。
> duì le wǒmen jiā de chē jiùshì běntián de

自動車会社の話題です。

> 26

年齢を聞かれます。

> 你 喜欢 吃 中国菜 吗？咱们 一起 做 吧！
> nǐ xǐhuan chī zhōngguócài ma zánmen yìqǐ zuò ba

料理をいっしょに作ります。

◇**你 今年 几 岁 了？**
 nǐ jīnnián jǐ suì le
 きみ、いくつになったの（子供に対して）

◇**我 喜欢 打 网球。**
 wǒ xǐhuan dǎ wǎngqiú
 わたしはテニスをするのが好きです。

◇**咱们 一起 去 买 东西 吧！**
 zánmen yìqǐ qù mǎi dōngxi ba
 いっしょに買い物に行きましょう。

交往 人と会う

1

家庭訪問　ホームステイ

- イラスト1　お母さんと対面します。
  - 友人の母　：こんにちは。わたしがリーリーの母親です。
  - さくら　　：こんにちは。はじめておめにかかります。

- イラスト2　家に入ります。
  - さくら　　：わたしは藤谷さくらです。
  - 友人の母　：よくいらっしゃいました。お入りください。

- イラスト3　お家をながめます。
  - さくら　　：このお家はとても広くて、きれいですね。
  - 友人の母　：はい、全部で300平方メートルあります。

- イラスト4　仕事について話します。
  - 友人の母　：お伺いしますが、藤谷さんは、大学生ですか。
  - さくら　　：いいえ、わたしは今、自動車会社で働いています。

- イラスト5　自動車会社の話題です。
  - 友人の母　：日本の自動車会社は有名ですよ。たとえば、トヨタにホンダ…あっそうだわ、うちの車はホンダでした。

- イラスト6　年齢を聞かれます。
  - 友人の母　：あなたは今年おいくつですか。
  - さくら　　：私は今年26歳です。

- イラスト7　料理をいっしょに作ります。
  - 友人の母　：あなたは中華料理が好きですか。いっしょに作りませんか。
  - さくら　　：はい、わたしは料理を作るのは大好きです。

羊のしゃぶしゃぶ

Information (信息庫)

中国の友人宅を訪ねる

　　中国の大都市の家は、富裕層が郊外に所有している"別墅"（一軒家）の場合もありますが、圧倒的に"公寓"（マンション）が多いです。中国のマンションは、日本のマンションよりも全体の面積が大きいもの（100m² 以上）が多く、2つの階をぶち抜いたメゾネット形式のものあります。中国では、マンションの外枠だけ買って、間取りや内装を自分の好きなように決めるので、同じマンションの棟でも各家庭で中身が異なります。間取りや内装には家主の個性が表れるので、訪問する機会があったら、ぜひ間取りや内装を話題にすることから始めてみてください。

　　家に入ると、ソファーに座って、お茶（ジャスミン茶が多い）や果物をいただきます。中国は贈り物の文化です。今は日本と中国で、百貨店やスーパーで売っているものは何でも同じですから、とくに日本的で繊細なもの、見栄えのいいものを選んで贈り物にしましょう。おみやげをその場で開けてもらえると話題になり話がはずみます。そのときにデジカメや携帯の写真を持っていたら見せながら、日本の生活を紹介してみてもいいでしょう。

　　"扑克"（トランプ）や"麻将"（麻雀）は、日本と中国で基本的な遊び方は同じなので、一緒に遊べます。しかし、細かいところでルールが違うので、日本のやり方でやっていると、いつのまにか負けていたりします。中国のルールも教えてもらいましょう。家の中での遊びに飽きたら、一緒に近くのショッピングセンターや市場を覗くのも楽しいですね。

　　お昼ご飯や晩ご飯は、共同作業で餃子を作ったり、麺をこねたり、積極的に中国料理を勉強してみたらいかがですか。餃子やワンタンを一つずつ作るときの、手さばきの器用さは、中国で育った人ならではのものがあります。訪問を終えて、もし次のチャンスがあるなら、今度は簡単な日本の食べ物を紹介してみたらどうでしょうか。

VOCABULARY（単語）

おとうさん	爸爸	bàba		おとうさん	父亲	fùqin
おかあさん	妈妈	māma		おかあさん	母亲	mǔqin
おじいちゃん（父方）	爷爷	yéye		お姉さん	姐姐	jiějie
おばあちゃん（父方）	奶奶	nǎinai		妹	妹妹	mèimei
おじいちゃん（母方）	老爷	lǎoye		お兄ちゃん	哥哥	gēge
おばあちゃん（母方）	姥姥	lǎolao		弟	弟弟	dìdi

2 宴席 宴席

Track 65

SCENE（場面）1 さくらは宴会に招待されました。

> 我来给大家介绍一下。
> wǒ lái gěi dàjiā jièshao yíxià

> 大家好，我是藤谷樱花。
> dàjiā hǎo wǒ shì ténggǔ yīnghuā

> 这位是日本客人。她叫藤谷樱花。
> zhèwèi shì rìběn kèrén tā jiào ténggǔ yīnghuā

紹介があります。

> 有幸和大家认识，我很高兴。
> yǒuxìng hé dàjiā rènshi wǒ hěn gāoxìng

お会いできてうれしいです。

> 我来中国访问，
> wǒ lái zhōngguó fǎngwèn
> 给我留下了很深的印象。
> gěi wǒ liúxià le hěn shēn de yìnxiàng

> 也访问了许多中国的名胜古迹和世界遗产。
> yě fǎngwèn le xǔduō zhōngguó de míngshènggǔjì hé shìjièyíchǎn

> 我去过北京、上海、和香港。
> wǒ qù guo běijīng shànghǎi hé xiānggǎng

北京を訪問しました。

> 中国人很亲切友好。
> zhōngguórén hěn qīnqiè yǒuhǎo

中国の人は親切です。

🔑 会話のポイントを確認しましょう。
キーセンテンス (重要句型)

○**位**（〜様）
这位是藤谷女士
zhèwèi shì ténggǔ nǚshì

こちらは藤谷さんです。

○**動詞 + 过**（〜したことがある）
→ Grammar 18

我去过北京。
wǒ qù guò běijīng

わたしは北京に行ったことがあります。

○**如果**（もし〜ならば）→ Grammar 29
如果有机会，我想见他。
rúguǒ yǒu jīhuì wǒ xiǎng jiàn tā

チャンスがあれば、彼に会ってみたいです。

如果 有 机会，我 会 经常 来
rúguǒ yǒu jīhuì wǒ huì jīngcháng lái
中国 和 大家 交流。
zhōngguó hé dàjiā jiāoliú

非常 欢迎 你。
fēicháng huānyíng nǐ

歓迎いたします。

如果 有 什么 需要 我们 帮忙，别 客气。
rúguǒ yǒu shénme xūyào wǒmen bāngmáng bié kèqi

那么 祝 大家 身体 健康，我们 大家 一起 干杯 吧！
nàme zhù dàjiā shēntǐjiànkāng wǒmen dàjiā yìqǐ gānbēi ba

いっしょに乾杯しましょう。

你 觉得 中国酒 怎么样？
nǐ juéde zhōngguójiǔ zěnmeyàng

中国 酒 非常 有 劲儿！
zhōngguó jiǔ fēicháng yǒu jìnr

中国のお酒はどうですか。

○和〜（〜と）→ Grammar 14
我 和 大家 交流。
wǒ hé dàjiā jiāoliú

わたしは皆さんと交流します。

○别客气 (遠慮しないでください／どういたしまして)
你 别 客气。
nǐ bié kèqi

遠慮しないでください。

○祝 (〜を祝う・祈る)
祝 大家 健康。
zhù dàjiā jiànkāng

みなさんの健康をお祈りします。

○觉得〜（〜だと思う）
你 觉得 怎么样？
nǐ juéde zěnmeyàng

あなたはどう思いますか？

2 宴席 宴席　　　　　　　　　　　Track 65

SCENE（场面）2 今度はさくらになって宴会に参加します。

我 来 给 大家 介绍 一下。
wǒ lái gěi dàjiā jièshao yíxià

这位 是 日本 客人。她 叫 藤谷 樱花。
zhèwèi shì rìběn kèrén tā jiào ténggǔ yīnghuā

紹介があります。

お会いできてうれしいです。

北京を訪問しました。

中国の人は親切です。

応用表現（应用句子）
Track 67

◇我 想 说 几 句 话。
　wǒ xiǎng shuō jǐ jù huà
　一言お話しさせてください。

◇我 敬 大家 一杯。
　wǒ jìng dàjiā yìbēi
　みなさんのために乾杯いたします。

◇我 能 认识 你们 我 特别 高兴。
　wǒ néng rènshi nǐmen wǒ tèbié gāoxìng
　みなさんとお知り合いになれてとてもうれしいです。

如果 有 什么 需要 我们 帮忙，别 客气。
rúguǒ yǒu shénme xūyào wǒmen bāngmáng bié kèqi

非常 欢迎 你。
fēicháng huānyíng nǐ

歓迎いたします。

那么 祝 大家 身体 健康，我们 大家 一起 干杯 吧！
nàme zhù dàjiā shēntǐjiànkāng wǒmen dàjiā yìqǐ gānbēi ba

いっしょに乾杯しましょう。

你 觉得 中国酒 怎么样？
nǐ juéde zhōngguójiǔ zěnmeyàng

中国のお酒はどうですか。

◇**感谢 你们 的 盛情 款待。**
gǎnxiè nǐmen de shèngqíng kuǎndài

みなさんの盛大なおもてなしに感謝申し上げます。

◇**我 觉得 中国酒 很 好喝。**
wǒ juéde zhōngguójiǔ hěn hǎohē

わたしは中国酒はとてもおいしいと思います。

◇**我 的 话 就 到 这儿。**
wǒ de huà jiù dào zhèr

わたしの話はここで終わりです。

2

宴席　宴席

イラスト1　紹介があります。
　　主催者　：みなさんにご紹介しましょう。
　　　　　　　今日は日本のお客様がいらっしゃいます。藤谷さくらさんです。

イラスト2　お会いできてうれしいです。
　　さくら　：みなさんこんにちは、さくらです。
　　　　　　　幸いにも、みなさんにお会いできて本当にうれしいです。

イラスト3　北京を訪問しました。
　　さくら　：中国を訪問してとても深い印象がのこりました。
　　　　　　　北京や上海そして香港を訪問しました。

イラスト5　中国の人は親切です。
　　さくら　：また、名所旧跡や世界遺産を訪問しました。
　　　　　　　中国の人はとても親切です。

イラスト5　歓迎いたします。
　　さくら　：機会があれば、何回も中国に来て、皆さんと交流したいです。
　　主催者　：歓迎いたします。

イラスト6　いっしょに乾杯しましょう。
　　主催者　：お手伝いすることがあれば、遠慮なさらないで言ってください。
　　　　　　　それではみなさんの健康を祝してごいっしょに乾杯しましょう。

イラスト7　中国のお酒はどうですか。
　　主催者　：中国のお酒はどうですか。
　　さくら　：とてもつよいですね。

万里の長城

Information（信息库）

中国の宴会ルール

　中国の宴席では、食事の円卓を時計盤だと考えると、主催者は真ん中の12時の位置に、お客は11時、または1時の位置に座ります。複数の招待者がいる場合には、客人が上から順番に交互に座って行き、一番末席が時計の6時の位置になります。末席は入り口に一番近いところです。

　料理は、まず主催者から一番の招待客に回され、一番の招待客が箸をつけたあと、時計回りに順番に回されます。

　乾杯のときは、相手より若輩であるときは、グラスを当てる位置を相手より少しさげて、謙虚な気持ちを表します。主催者が滔々と客人を迎える挨拶をしたあと、主賓がそれに答えて挨拶をします。しばらく歓談がつづくと、次に二番目のポジションの人の挨拶の応酬があり、三番目、四番目へと続きます。挨拶の場面でどれだけ気のきいたことを言えるかで人物の評価がきまります。長い挨拶の言葉をいただいたら、それ相応の挨拶をしなければいけません。

　中国の北方では、白酒など度数の強いお酒をグラスを空けて飲み干すことで、宴会を盛り上げます。すすめられるままに飲んでいると、当然のごとくダウンしてしまいます。しかし、招待されているのに、せっかくのお酒の勧めを断ると、宴会の雰囲気を悪くすることになりかねないので、自分の許容量を考えながら、上手に飲まなくてはいけません。

　中国の南方では、度数の強いお酒を無理に一気飲みする習慣はそれほど強くなく、各人が自由に飲めるだけ飲むというところも多くなっています。

　言葉がそれほど上手に話せなくても、使える中国語を、一生懸命、ゆっくり話せば気持ちは伝わります。要は言葉の流暢さではなく、気持ちを伝えることですから。

VOCABULARY（単語）

宴席	宴席	yànxí		違う・異なる	不一样	bù yíyàng
主催者	主办者	zhǔbànzhě		温かみのある	热情	rèqíng
お客	客人	kèren		親切だ	亲切	qīnqiè
友好	友好	yǒuhǎo		交流する	交流	jiāoliú
同じ	一样	yíyàng				

ILLUSTRATION DICTIONARY（绘画单词）〈家庭〉

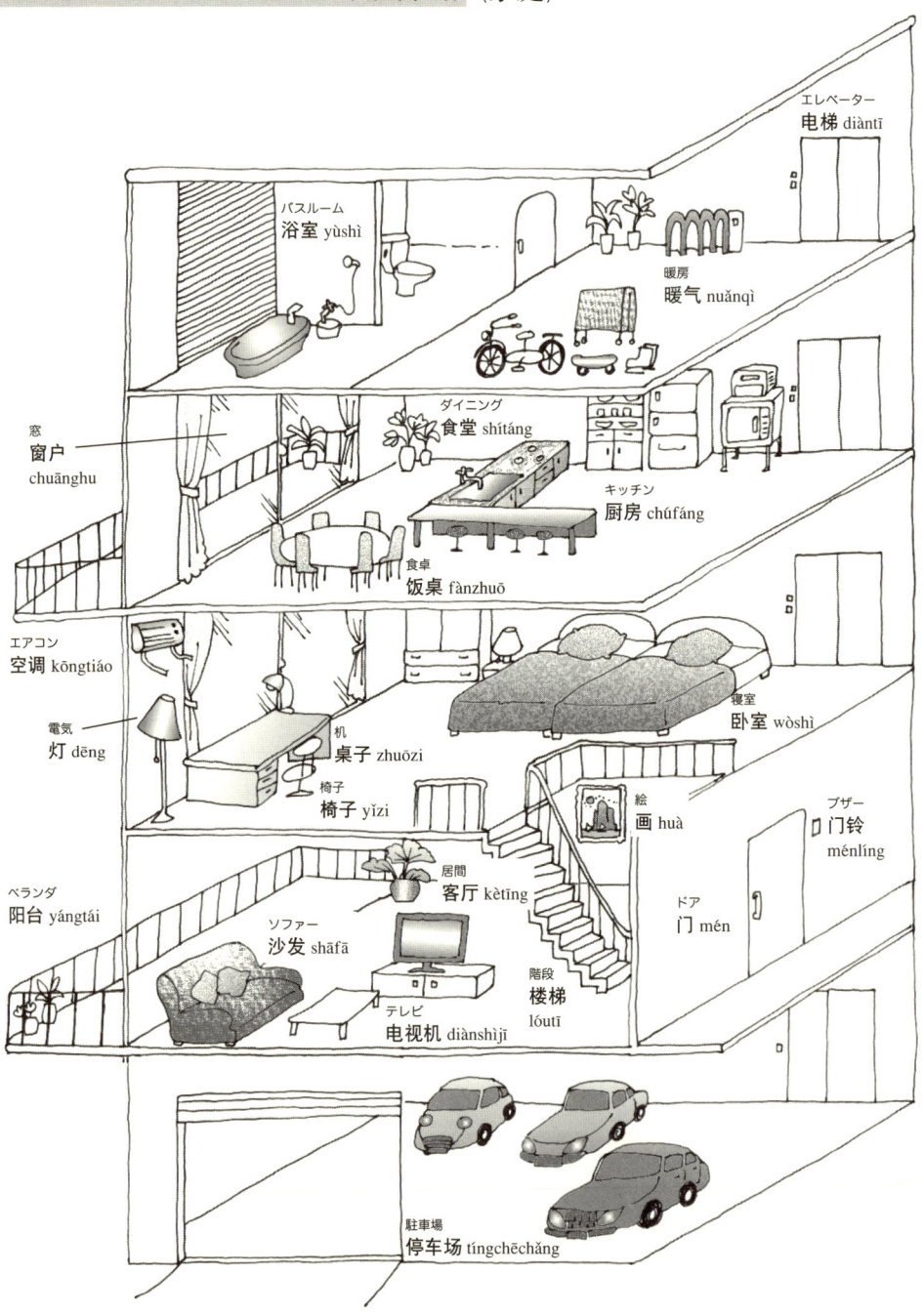

エレベーター
电梯 diàntī

バスルーム
浴室 yùshì

暖房
暖气 nuǎnqì

窓
窗户 chuānghu

ダイニング
食堂 shítáng

キッチン
厨房 chúfáng

食卓
饭桌 fànzhuō

エアコン
空调 kōngtiáo

電気
灯 dēng

机
桌子 zhuōzi

椅子
椅子 yǐzi

寝室
卧室 wòshì

絵
画 huà

ブザー
门铃 ménlíng

ベランダ
阳台 yángtái

居間
客厅 kètīng

ドア
门 mén

ソファー
沙发 shāfā

階段
楼梯 lóutī

テレビ
电视机 diànshìjī

駐車場
停车场 tíngchēchǎng

付　録

中国語の基本文法（语法）

GRAMMAR

GRAMMAR

中国語の基本文法（语法）

Grammar 1　人称代名詞

1-1. 中国語の人称代名詞は以下のようになっています。

	1人称	2人称		3人称
単数	我 wǒ （わたし）	你 nǐ （あなた）	您 nín （あなた様）	他・她・它 tā・tā・tā （彼・彼女・それ）
複数	我们 wǒmen （わたしたち）	你们 nǐmen （あなたたち）		他们・她们・它们 tāmen・tāmen・tāmen （彼ら・彼女ら・それら）

"您"(nín) は「あなた」の丁寧な言いかたです。"他"(tā) は男性、"她"(tā) は女性、"它"(tā) は人間以外のものを指します。この３つの発音はみな [tā] です。

1-2. "咱们"(zánmen) と "我们"(wǒmen) は同じく「わたしたち」ですが、"咱们"(zánmen) は話しことばです。また聞いている相手をも含めた「わたしたち」の意味です。

Grammar 2　"是"と"有"

2-1. "是 (shì)"は日本語の「〜です」を意味します。その打ち消しは"不是 (bú shì)"です。人称、単数複数、時制によって変化することはありません。

我 是 日本人。　　　　　　（わたしは日本人です。）
wǒ shì rìběnrén

我 不 是 日本人。　　　　　（わたしは日本人ではありません。）
wǒ bú shì rìběnrén

她们 是 中国人。　　　　　（彼女たちは中国人です。）
tāmen shì zhōngguórén

以前 我 是 学生。　　　　　（以前わたしは学生でした。）
yǐqián wǒ shì xuésheng

2-2. "有 (yǒu)"は日本語の「〜がある・〜がいる」を意味します。その打ち消しは"没有 (méiyǒu)"です。"不有 (bù yǒu)"という言いかたはありません。

我 有 钱。　　　　　　　　（わたしはお金があります。）
wǒ yǒu qián

我 没有 钱。　　　　　　　（わたしはお金がありません。）
wǒ méiyǒu qián

Grammar 3 一般動詞

3-1. 目的語は動詞の後ろに置かれます。

我 学 中文。　　　　　　　　（わたしは中国語を勉強します。）
wǒ xué zhōngwén

我 要 鸡肉。　　　　　　　　（わたしは鶏肉がほしいです。）
wǒ yào jīròu

3-2. 2つ目的語がある場合「主語＋動詞＋目的語1＋目的語2」のかたちとなります）

她 教 我 中文。　　　　　　　（彼女はわたしに中国語を教えます。）
tā jiāo wǒ zhōngwén

3-3. 打ち消しには"不 (bù)"（〜しない）、"没有 (méiyǒu)"（〜しなかった）の2つのかたちがあります。

我 不去 上海。　　　　　　　（わたしは上海にいきません。）
wǒ bú qù shànghǎi

我 没（有）去 上海。　　　　（わたしは上海にいきませんでした。）
wǒ méiyǒu qù shànghǎi

不 (bù)：習慣・意思・未来のできごとの否定

没 (méi)：事実の否定・過去のできごとの否定

Grammar 4 疑問文

4-1. 疑問文は末尾に"吗 (ma)"「〜ですか」をつけます。

你 是 日本人 吗？　　　　　　（あなたは日本人ですか。）
nǐ shì rìběnrén ma

要 咖啡 吗？　　　　　　　　（コーヒーはいりますか。）
yào kāfēi ma

4-2. "是不是 (shìbushì)" "有没有 (yǒumeiyǒu)"など、肯定型と否定型を重ねることで「反復疑問文」のかたちがつくれます。

你 是不是 大学生？　　　　　（＝ 你 是 大学生 吗？）
nǐ shìbushì dàxuéshēng　　　　　nǐ shì dàxuésheng ma

有没有 炒饭？　　　　　　　（＝ 有 炒饭 吗？）
yǒumeiyǒu chǎofàn　　　　　　yǒu chǎofàn ma

你 要不要 这个？　　　　　　（＝ 你 要 这个 吗？）
nǐ yàobuyào zhège　　　　　　nǐ yào zhège ma

Grammar 5 形容詞文

形容詞が述語となる場合には"是(shì)"はつかいません。また副詞は形容詞の前に置きます。

汉语 很 难。　　　　　　　　（中国語はとても難しいです。）
hànyǔ hěn nán

形容詞文の打ち消しは"不(bù)"をつかいます。"没(méi)"はつかいません。

汉语 不 难。　　　　　　　　（中国語は難しくありません。）
hànyǔ bù nán

Grammar 6 指示詞

指示詞をまとめると、以下のようになります。

	近称	遠称
物	这（个） zhè (ge) （これ）	那（个） nà (ge) （それ）
場所	这儿・这里 zhèr　zhèlǐ （ここ）	那儿・那里 nàr　nàlǐ （そこ）
方法	这么・这样 zhème　zhèyàng （こんなに、こんな）	那么・那样 name　nàyàng （そんなに、そんな）

"这儿"(zhèr) は "这里"(zhèlǐ) よりも口語的です。"那儿"(nàr) と "那里"(nàlǐ) の関係も同様です。

Grammar 7 "的"(de) の用法

7-1. "的"(de) は日本語の助詞「の」に似ています。名詞、形容詞、動詞などについて、連体修飾語をつくります。

我 的 房子。　　　　　　　　（わたしの部屋）「名詞＋的」
wǒ de fángzǐ

漂亮 的 领带。　　　　　　　（きれいなネクタイ）「形容詞＋的」
piàoliang de lǐngdài

我 坐 的 飞机。　　　　　　　（わたしの乗る飛行機）「動詞＋的」
wǒ zuò de fēijī

7-2. "的 (de)"は「～のもの」という意味を表すことができます。

这 是 我 的 行李。　　　　　　（これはわたしの荷物です）
zhè shì wǒ de xíngli

这 是 我 的。　　　　　　　　（これはわたしの［もの］です）
zhè shì wǒ de

Grammar 8 疑問詞

8-1. 中国語の疑問詞は次のように整理できます。

分類	疑問詞	意味	例文
人	谁 shuí	だれ	她 是 谁？（彼女はだれですか。） tā shì shuí
物	什么 shénme	なに	这是 什么？（これはなんですか。） zhè shì shénme
	哪个 nǎge	どれ	哪个 航班？（どのフライトですか。） nǎge hángbān
場所	哪儿 nǎr	どこ	厕所 在 哪儿？（トイレはどこですか。） cè suǒ zài nǎr
	哪里 nǎlǐ		你 住在 哪里？（どこに住んでいるのですか。） nǐ zhùzài nǎlǐ
方法	怎么 zěnme	どのように	这个 怎么 吃？（これはどうやって食べますか。） zhè ge zěnme chī
	怎样 zěnyàng	どのような	怎样 的 方法？（どんな方法ですか。） zěnyàng de fāngfǎ
	怎么样 zěnmeyàng	どう	下午 怎么样？（午後はどうですか。） xiàwǔ zěnmeyàng
理由	为 什么 wèi shénme	なぜ	为 什么？（なぜですか。） wèi shénme
	怎么 zěnme	どうして	你 怎么 了？（どうしたのですか。） nǐ zěnme le
数量	几 jǐ	いくつ	几月 几号？（何月何日ですか。） jǐyuè jǐhào
	多少 duōshao	いくら	这个 多少 钱？（これはいくらですか。） zhège duōshaoqián

8-2. "哪儿 (nǎr)" は "哪里 (nǎlǐ)" より口語的です。また "怎么 (zěnme)" "怎么样 (zěnmeyàng)" は "怎样 (zěnyàng)" より口語的です。

8-3. "几 (jǐ)" は、通常、答えが10以下になる時の質問につかいます。"多少 (duōshao)" は、それ以上の時に使います。

你 要 几 个？　　我 要 八 个。　　（8個いります。）
nǐ yào jǐ ge　　wǒ yào bā ge

你 要 多少？　　我 要 200 克。　　（200グラムください。）
nǐ yào duōshao　　wǒ yào èrbǎi kè

8-4. "怎么" (zěnme) は、「どうやって」と方法をたずねる用法と、「どうして」と理由をたずねる用法があります。

Grammar 9 量詞

日本語でノート1冊、紙1枚というように、中国語にも物を数えるための量詞があります。

量詞	機能	対象
张 zhāng	平たいものを数える	桌子、纸、票 zhuōzi zhǐ piào
本 běn	本や雑誌を数える	书、杂志、辞典 shū zázhì cídiǎn
条 tiáo	細長いものを数える	领带、鱼、路 lǐngdài yú lù
把 bǎ	柄や取っ手のあるものを数える	椅子、伞、刀 yǐzi sǎn dāo
座 zuò	どっしり動かないものを数える	山、高楼、庙 shān gāolóu miào
趟 tàng	動作の回数を数える	车、飞机 chē fēijī

Grammar 10 語気助詞

語気助詞は文末についていろいろな意味を表します。

語気助詞	機能	例文
吗 ma	疑問文をつくります。「～ですか」	a
吧 ba	推測を表します。「～でしょう」 同意をうながします。「～でしょう」 勧誘を表します。「～ましょう」 命令を表します。「～なさい」	b c d e
呢 ne	疑問文の中で答えをうながします。「～の」 状態の継続を表します。「～ている」	f g
啊 a	感嘆の意味を表します。 語気をやわらげます。「～よ」「～わ」	h i
呀 ya	啊と同じ用法。前の韻母がaeiouに影響され、場合によって呀が啊に変わる。	j
哟 yo	語気をやわらげます。「～よ」「～だよ」 おどけた感じを表します。	k

a 你 是 中国人 吗？ （あなたは中国人ですか。）
　 nǐ shì zhōngguórén ma

b 你 是 中国人 吧。 （あなたは中国人でしょう。）
　 nǐ shì zhōngguórén ba

c 你 同意 吧。　　　　　　（同意しますよね。）
　nǐ tóngyì ba

d 走 吧！　　　　　　　　（行きましょう。）
　zǒu ba

e 请 吃 吧！　　　　　　　（どうぞお召し上がりください。）
　qǐng chī ba

f 你 怎么 不 吃 呢？　　　（どうして食べないの。）
　nǐ zěnme bù chī fàn ne

g 我 吃 着 饭 呢。　　　　（いま食べてます。）
　wǒ chī zhe fàn ne

h 这么 多 钱 啊。　　　　　（こんなにお金がある。）
　zhème duō qián a

i 行 啊。　　　　　　　　　（いいですよ。）
　xíng a

j 可以 呀。　　　　　　　　（いいですよ）
　kěyǐ ya

k 这 是 你 的 礼物 哟。　　（あなたへのプレゼントですよ。）
　zhè shì nǐ de lǐwù yo

Grammar 11　節の構造

1つの文に動詞の形を変えることなくいくつも動詞をつらねることができます。

　我 吃 日本菜。　　　　　　（わたしは日本料理を食べます。）
　wǒ chī rìběncài

　我 喜欢 吃 日本菜。　　　　（わたしは日本料理を食べるのが好きです。）
　wǒ xǐ huan chī rìběncài

　我 帮 你 拿 东西。　　　　　（わたしはあなたが荷物を持つのを手伝います。）
　wǒ bāng nǐ ná dōngxi

Grammar 12　副詞

中国語の副詞は、動詞の前に置きます。

　我 也 不 知道。　　　　　　（わたしも知りません。）
　wǒ yě bù zhīdào

　我 一定 告诉 你。　　　　　（必ず伝えます。）
　wǒ yídìng gàosu nǐ

　我 已经 买 票 了。　　　　　（もう切符を買いました。）
　wǒ yǐjing mǎi piào le

Grammar 13 "在" と "有"

"在 (zài)" "有 (yǒu)" はどちらも「ある」という意味ですが、"在 (zài)" は後ろに場所を示す言葉がきて「～は…にある」という意味を表し、"有 (yǒu)" は後ろに人やものを表す言葉がきて「…には～がある」という意味を表します。

万里 长城 在 北京。　　　　　（万里の長城は北京にある。）
wànlǐ chángchéng zài běijīng

北京 有 万里 长城。　　　　　（北京には万里の長城がある。）
běijīng yǒu wànlǐ chángchéng

Grammar 14 介詞

英語の前置詞のように、ある動作とそれに関連する人、物、時間、場所とを結びつける働きをする語を介詞といいます。

分類	介詞	意味	例文
場所	在 zài	～で	我 在 女人街 买 东西。 wǒ zài nǔrénjiē mǎi dōngxi （わたしは女人街で買い物をします。）
動作対象	给 gěi	～に	请 给 我 叫 一辆车。 qǐng gěi wǒ jiào yíliàngchē （私に車を呼んでください。）
動作対象	对 duì	～に	他 对 我 很 好。 tā duì wǒ hěn hǎo （彼はわたしによくしてくれます。）
動作対象	跟・和 gēn hé	～と	我 跟 你 一起 去。 wǒ gēn nǐ yìqǐ qù （わたしもあなたと一緒に行きます。） 我 和 大家 交流。 wǒ hé dàjiā jiāoliú （わたしはみなさんと交流します。）
動作対象	把 bǎ	～を	把 行李 放 这儿。 bǎ xíngli fàng zhèr （荷物をここにおいてください。）
比較	比 bǐ	～より	这个 比 那个 便宜。 zhège bǐ nàge piányi （これはあれより安い。）
起点	从 cóng	～から	你 从 哪儿 来？ nǐ cóng nǎr lái （あなたはどこから来ましたか。）

到達点	到 dào	～まで	她 到 哪儿 去 了？ tā dào nǎr qù le （彼女はどこへ行きましたか。）
方向	往 wǎng	～に	往 这边 走 wǎng zhèbian zǒu （こちらに向かって歩く。）
手段	用 yòng	～で	我 用 日文 说话。 wǒ yòng rìwén shuōhuà （わたしは日本語で話します。）

14-1. 介詞は動詞が変化したものです。そこで同じ語でも介詞として使う場合と、動詞として使う場合とがあります。

我 在 女人街。　　　　　　（わたしは女人街にいます。）（動詞）
wǒ zài nǚrénjiē

我 在 女人街 买 东西。　　（わたしは女人街で買い物をします。）（介詞）
wǒ zài nǚrénjiē mǎi dōngxi

我 给 你 这个。　　　　　　（これをあなたにあげます。）（動詞）
wǒ gěi nǐ zhège

我 给 你 修理 一下。　　　（あなたのために修理してあげましょう。）（介詞）
wǒ gěi nǐ xiūlǐ yíxià

14-2. "给"(gěi) と "对"(duì) と "跟"(gēn) は、それぞれ意味がちがいます。"给"(gěi) は授受関係の対象を示す「～のために」「～に」、"对"(duì) は「～にたいして」、"跟"(gēn) は「～といっしょに」というのが基本的な意味です。

Grammar 15　方位詞

15-1. 上下左右などを表す方位詞は、以下のように各々2通りの言い方ができます。

うえ	した	なか	そと	まえ	うしろ
上边 shàngbian	下边 xiàbian	里边 lǐbian	外边 wàibian	前边 qiánbian	后边 hòubian
上面 shàngmian	下面 xiàmian	里面 lǐmian	外面 wàimian	前面 qiánmian	后面 hòumian
ひだり	みぎ	ひがし	みなみ	にし	きた
左边 zuǒbian	右边 yòubian	东边 dōngbian	南边 nánbian	西边 xībian	北边 běibian
左面 zuǒmian	右面 yòumian	东面 dōngmian	南面 nánmian	西面 xīmian	北面 běimian

建国门 在 北京 的 西边。　　（建国門は北京の西にあります。）
jiànguómén zài běijīng de xībian

坐 在 车子 的 后面。　　（車の後ろに座ります。）
zuò zài chēzi de hòumian

15-2. "里边 (lǐbian)" "里面 (lǐmian)" は "里 (lǐ)" だけ、"上边 (shàngbian)" "上面 (shàngmian)" は "上 (shàng)" だけ単独で使うことができます。

屋子 里 没 有 人。　　（家にはだれもいません。）
wūzi   lǐ méi yǒu rén

桌子 上 有 东西。　　（机の上に物があります。）
zhuōzi shàng yǒu dōngxi

Grammar 16 助動詞

以下にあげる助動詞は、動詞や形容詞の前において、可能、必要、当然、義務などさまざまな意味を表します。

会 huì	①（練習・習得によって）〜できる ②〜するはずだ	a b
能 néng	①（能力・条件によって）〜できる ②〜してもよい	c d
可以 kěyǐ	①〜することが可能である ②〜してもよい	e f
要 yào	①〜したい ②〜する必要がある	g h
想 xiǎng	①〜したい	i
打算 dǎsuàn	①〜するつもりがある	j
愿意 yuànyì	①〜したいと願う	k
应该 yīnggāi	①〜すべきである	l

a 我 会 说 汉语。　　（わたしは中国語が話せます。）
　　wǒ huì shuō hànyǔ

b 她 一定 会 知道 的。　　（彼女はきっと知っているはずです。）
　　tā yídìng huì zhīdao de

c 你 能 喝 酒。　　（あなたは酒が飲めますね。）
　　nǐ néng hē jiǔ

d 这儿 能不能　照相？　　（ここで写真をとってもいいですか。）
　　zhèr néngbunéng zhàoxiàng

e 这儿 可以 坐 十 个 人。　　（ここには10人座れます。）
　zhèr　kěyǐ　zuò　shí ge rén

f 我 可以 先 走 吗？　　（先に行ってもいいですか。）
　wǒ　kěyǐ　xiān zǒu ma

g 我 要 去 洗手间。　　（トイレに行きたいです。）
　wǒ yào qù　xǐshǒujiān

h 我 要 去 买 东西。　　（買い物に行く必要があります。）
　wǒ yào qù mǎi dōngxi

i 我 想 喝 茶。　　（わたしはお茶が飲みたいです。）
　wǒ xiǎng hē chá

j 你 打算 待 几 天？　　（何日滞在するつもりですか。）
　nǐ dǎsuàn dāi jǐ tiān

k 我 不 愿意 在 这儿。　　（わたしはここにいたくありません。）
　wǒ bú　yuànyì zài　zhèr

l 你 应该 去 看 一 看。　　（あなたは行ってみるべきです。）
　nǐ yīnggāi qù kàn yi kàn

Grammar 17 "了" の用法

17-1. "動詞 + 了(le)" は、動作や事態の変化が実現したことを表します。

　我 买 了 一 本 杂志。　　（わたしは雑誌を1冊買いました。）
　wǒ mǎi le　yì běn zázhì

　我 睡 了 三 个 小时。　　（わたしは3時間寝ました。）
　wǒ shuì le sān ge xiǎoshí

17-2. 文の末尾におかれた "了(le)" は、状況や事態に変化が発生したことを表します。

　没 有 了。　　（なくなりました。）
　méiyǒu le

　我 吃饭 了。　　（わたしはご飯を食べました。）
　wǒ chīfàn le

17-3. 1の用法と2の用法をともに使う場合があります。

　我 吃 了 饭 了。　　（わたしはご飯を食べました。）
　wǒ chī le fàn le

Grammar 18 "过" の用法

"过" は動詞や形容詞のあとについて過去に経験したこと（〜したことがある）や完了を表すことができます。

我 去过 北京。　　　　　（わたしは北京に行ったことがあります。）
wǒ　qùguo běijīng

我 看过 的 电影　　　　　（わたしが見たことのある映画）
wǒ kànguo de diànyǐng

Grammar 19 "着" の用法

動詞のあとに "着 (zhe)" をつけると、現在進行中の動作や作用（～ている）を表せます。

我 等着 你。　　　　　　（わたしはあなたを待っています。）
wǒ děngzhe nǐ

この "着" はしばし後ろに、助詞の "呢 (ne)" をともないます

我 听着 音乐 呢。　　　　（わたしは音楽を聞いています。）
wǒ tīngzhe yīnyuè ne

Grammar 20 "得" の用法

「動詞 + "得 (de)" + 形容詞」の形は、動作の結果や程度を表します。

你 说得 很 好。　　　　　（あなたはとても上手に話せますね。）
nǐ shuōde hěn hǎo

狗 跑得 很 快。　　　　　（犬は走るのが早いです。）
gǒu pǎode hěn kuài

Grammar 21 使役

"让 (ràng)" "叫 (jiào)" "使 (shǐ)"（～させる）を使って、使役の意味を表すことができます。

我 叫 她 收拾。　　　　　（私は彼女に掃除をさせます。）
wǒ jiào tā shōushi

让 我 出去 一下。　　　　（私を出させてください。）
ràng wǒ chūqù yíxià

Grammar 22 受け身

受け身文は "被 (bèi)"（～される）を使って表現します。

我 的 钱包 被 人 偷 了。　（財布を人に盗まれました。）
wǒ de qiánbāo bèi rén tōu le

森林 被 破坏 了。　　　　（森林が破壊されました。）
sēnlín bèi pòhuài le

Grammar 23 比較

23-1. 2つのものを比較するときは"比"(〜より)を使います。

 他 比 我 大 三 岁。 (彼は私より3歳年上です。)
 tā bǐ wǒ dà sān suì

 这个 比 那个 便宜。 (これはそれより安いです。)
 zhège bǐ nà ge pián yi

23-2. 同じと言いたいときは"跟〜一様"を使います。

 我 跟 她 岁数 一样。 (私は彼女と年齢が同じです。)
 wǒ gēn tā suìshu yíyàng

Grammar 24 動詞の重ね型

24-1. 動詞を2つ重ねて「ちょっと〜する」「〜してみる」の意味を表します。

 请 给 我 看 一 看(看看)。 (私に見せてください。)
 qǐng gěiwǒ kàn yi kàn (kànkan)

 我 试 一 试。 (私、試してみましょう。)
 wǒ shì yi shì

24-2. 二音節の動詞は「動詞＋一＋動詞」の形ができません。

 我 练习练习。 (ちょっと練習してみましょう。)
 wǒ liànxiliànxi

24-3. "動詞＋一下"を使うと、動詞の重ね型と同じ意味になります。

 你 体验 一下。 (ちょっと体験してみてください。)
 nǐ tǐyàn yíxià

Grammar 25 形容詞の重ね型

25-1. 形容詞にも重ね型があり、状態や状況を強調します。

 白白 的 衣服 (とても白い服)
 báibái de yīfu

 他 瘦瘦 的。 (彼はとてもやせています。)
 tā shòushòu de

25-2. 2音節の形容詞は、次のように重ねることがあります。

 她 说得 清清楚楚。 (彼女はとてもはっきり話します。)
 tā shuōde qīngqīngchǔchǔ

Grammar 26 結果補語

中国語は「動詞＋結果補語」によって、動作や行為とその結果を表します。
結果補語は動詞であることも形容詞であることもあります。（下線部が結果補語）

我 吃<u>饱</u> 了。　　　　　　　　（私は［食べて］おなかがいっぱいになりました。）
wǒ chībǎo le

你 看<u>完</u> 了 吗？　　　　　　　（あなたは見<u>終わり</u>ましたか。）
nǐ kànwán le ma

我 没 吃<u>饱</u>。　　　　　　　　（まだおなかがいっぱいではありません。）
wǒ méi chībǎo

请 你 做<u>好</u> 准备。　　　　　　（どうか準備をし<u>終えて</u>ください。）
qǐng nǐ zuòhǎo zhǔnbèi

Grammar 27 方向補語

動詞の後ろに置く補語の中でも、動作や行為の方向性を示すものを方向補語と言います。
方向補語は以下の3つがあります。

27-1. "来 (lái)"と"去 (qù)"は、話し手からみて「近づく」「離れる」を表します。

我 拿<u>来</u> 了。　　　　　　　　（私は持って<u>来ました</u>。）
wǒ nálái le

她 拿<u>去</u> 了。　　　　　　　　（彼女は持って<u>行きました</u>。）
tā náqù le

27-2. "上 (shàng)" "下 (xià)" "进 (jìn)" "出 (chū)" "过 (guò)" "回 (huí)" "起 (qǐ)" "开 (kāi)"は、客観的な方向性を表します。

我 跑<u>上</u>　三楼。　　　　　　（3階までかけ<u>上がり</u>ます。）
wǒ pǎoshàng sānlóu

我 走<u>进</u> 房间。　　　　　　　（私は部屋に<u>入り</u>ます。）
wǒ zǒujìn fángjiān

他 拿<u>出</u> 钥匙。　　　　　　　（彼女は鍵を取り<u>出し</u>ます。）
tā náchū yàoshi

27-3. 上に述べた2つの方向補語を組み合わせて「複合方向補語」ができます。

	上 shàng	下 xià	进 jìn	出 chū	过 guò	回 huí	起 qǐ	开 kāi
来 lái	上来 shànglái	下来 xiàlái	进来 jìnlái	出来 chūlái	过来 guòlái	回来 huílái	起来 qǐlái	开来 kāilái
去 qù	上去 shàngqù	下去 xiàqù	进去 jìnqù	出去 chūqù	过去 guòqù	回去 huíqù		

她 走下去 了。　　　　　　（彼女は歩いて下りていった。）
tā　zǒuxiaqu le

他 拿出来 电脑。　　　　　（彼はコンピュータを出してきた。）
tā　náchulai diànnǎo

把 票 拿回来。　　　　　　（チケットを持って戻ってきてください。）
bǎ　piào náhuilai

27-4. "来 (lái)" と "去 (qù)" のついた方向補語は、"来" と "去" の前と後に目的語が置けます。

我 拿 一 本 书 来。　　　　（私は本を持ってきます。）
wǒ ná yì běn shū lái

我 拿来 一 本 书。　　　　　（同上）
wǒ nálái yì běn shū

我 拿出 一 本 书 来。　　　（私は本を取り出します。）
wǒ náchū yì běn shū lái

我 拿出来 一 本 书。　　　　（同上）
wǒ náchūlái yì běn shū

ただし、場所を表す言葉は、"来" と "去" の後に置けません。

他 走进 房间 来。　　　　　（彼女は部屋に歩いて入ってきました。）
tā　zǒujìn fángjiān lái

她 走进来 房间。（×）
tā　zǒujìnlái fángjiān

Grammar 28　可能補語

結果補語と方向補語のついた動詞に、"得 (de)" と "不 (bù)" を加えると「できる」「できない」を意味する可能補語がつくれます。
「動詞 + 得 + 結果補語・方向補語」⇒ 可能補語（～できる）
「動詞 + 不 + 結果補語・方向補語」⇒ 可能補語（～できない）

我 看见 了。〈結果補語〉　　（私は見ました。）
wǒ kànjiàn le

我 看得见。〈可能補語〉　　　（私は見ることができます。）
wǒ kàndejiàn

我 看不见。〈可能補語〉　　　（私は見ることができません。）
wǒ kànbujiàn

小张　想起来了。〈方向補語〉　　（張さんは思い出しました。）
xiǎozhāng xiǎngqilai le

小张　想得起来。〈可能補語〉　　（張さんは思い出せます。）
xiǎozhāng xiǎngdeqǐlái

小张　想不起来。〈可能補語〉(張さんは思い出せません。)
xiǎozhāng xiǎngbuqǐlái

Grammar 29　副詞・接続詞による連結

中国語には、次のような副詞・接続詞による呼応や連結の関係があります。熟語として覚えておくと便利です。

副詞・接続詞	意味	例文
又～又… yòu yòu	～だし、また…	a
越～越… yuè yuè	～すればするほど…だ	b
刚～就… gāng jiù	～してすぐ…する	c
快要～了 kuàiyào le	もうすぐ～だ	d
先～然后… xiān ránhòu	まず～して、それから…する	e
等～再… děng zài	～してから…する	f
(一)边～(一)边… (yì) biān (yì) biān	～しながら…する	g
除了～以外 chúle yǐwài	～を除いては	h
因为～所以… yīnwéi suǒyǐ	～なのでそれで…だ	i
虽然～但(是)… suīrán dàn(shì)	～だけれども…だ	j
要是～(的话)就… yàoshì (de huà) jiù	もし～ならば…だ	k
不但～而且… búdàn érqiě	～ばかりでなく…だ	l
如果～(的话)就… rúguǒ (de huà) jiù	もし～ならば…だ	m
只要～就… zhǐyào jiù	～しさえすれば…だ	n
只有～才… zhǐyǒu cái	～してはじめて…だ	o
既然～就… jìrán jiù	～した以上…だ	p

a 这个 菜 又 便宜 又 好吃。　　　(この料理は安くておいしいです。)
　　zhège cài yòu piányi yòu hǎochī

b 人 越 来 越 多 了。　　　　　　(人がますます多くなりました。)
　　rén yuè lái yuè duō le

180

c 她 <u>刚</u> 到 这儿 <u>就</u> 开始 工作。　　(彼女はここに来るとすぐ仕事を始めた。)
　　tā gāng dào zhèr　jiù　kāishǐ gōngzuò

d <u>快要</u> 到 火车站 <u>了</u>。　　(もうすぐ駅につきます。)
　　kuàiyào dào huǒchēzhàn le

e <u>先</u> 坐 地铁 <u>然后</u> 坐 火车。　　(まず地下鉄に乗って、それから列車に乗ります。)
　　xiān zuò dìtiě　ránhòu zuò huǒchē

f <u>等</u> 小李 来 <u>再</u> 走。　　(李さんが来てから、出発します。)
　　děng xiǎolǐ lái zài zǒu

g 我 <u>一边</u> 吃饭 <u>一边</u> 聊天儿。　　(私はご飯を食べながらおしゃべりします。)
　　wǒ yìbiān chīfàn yìbiān liáotiānr

h <u>除了</u>饮茶 <u>以外</u>，<u>还有</u> 别 的 吗？(飲茶のほかに、別のものありますか。)
　　chúle yǐnchá yǐwài,　háiyǒu bié de ma

i <u>因为</u> 我 很 忙，<u>所以</u> 不能 参加。　(とても忙しいので、参加できません。)
　　yīnwéi wǒ hěn máng, suǒyǐ bùnéng cānjiā

j 他 <u>虽然</u> 很 年轻，<u>但</u> 很 能干。　　(彼は若いけれどもやり手です。)
　　tā suīrán hěn niánqīng dàn hěn néng gàn

k <u>要是</u> 有 时间，我 <u>就</u> 去。　　(もし時間があれば、私は行きます。)
　　yàoshì yǒu shíjiān　wǒ jiù qù

l 她 <u>不但</u> 会 说 英语，<u>而且</u> 会 说 日语。　(彼女は英語もできるし日本語もできる。)
　　tā búdàn huì shuō yīngyǔ,　érqiě huì shuō rìyǔ

m <u>如果</u> 下雨 的 话，我 <u>就</u> 不 去。　　(もし雨が降ったら、私は行きません。)
　　rúguǒ xiàyǔ de huà, wǒ jiù bú qù

n <u>只要</u> 你 努力，<u>就</u> 会 成功 的。　(努力しさえすれば、成功できます。)
　　zhǐyào nǐ nǔlì,　jiù huì chénggōng de

o <u>只有</u> 刻苦 学习，<u>才</u> 能 取得 好 成绩。(一生懸命勉強してはじめてよい成績が取れる。)
　　zhǐyǒu kè kǔ xuéxí,　cái néng qǔ dé hǎo chéngjī

p <u>既然</u> 天气 不 好，<u>那 就</u> 不 去 吧。　(天気がよくない以上、行くのをやめよう。)
　　jìrán tiānqì bù hǎo,　nà jiù bú qù ba

著者紹介

市瀬智紀（いちのせ　とものり）
　1965年神奈川県生まれ。慶應義塾大学卒業、同大学大学院修士課程修了、博士課程退学。1992年～1995年北京日本学研究センター客員講師。現在、宮城教育大学附属国際理解教育研究センター教授。

程艶春（てい　えんしゅん）
　中国哈爾濱市生まれ。哈爾濱師範大学卒業。東北大学大学院修士課程修了。1989～1994年哈爾濱医科大学専任講師。現在、宮城教育大学・東北大学中国語講師。

※市瀬智紀・程艶春の共著作に、『ゼロから話せる中国語』、『中国語リスニング』（ともに三修社発行）がある。

中国語スピーキング

2011年5月20日　第1刷発行

著　者 ── 市瀬智紀／程艶春
発行者 ── 前田俊秀
発行所 ── 株式会社 三修社
　　　　　〒150-0001　東京都渋谷区神宮前2-2-22
　　　　　TEL 03-3405-4511
　　　　　FAX 03-3405-4522
　　　　　振替 00190-9-72758
　　　　　http://www.sanshusha.co.jp/
　　　　　編集担当　三井るり子

印刷製本 ── 倉敷印刷株式会社
CD製作 ── 中録サービス株式会社

©2011 Printed in Japan
　ISBN978-4-384-05627-3 C1087

カバーデザイン ── 土橋公政
本文イラスト ── 浅山友貴
本文組版 ── 株式会社 欧友社

Ⓡ〈日本複写権センター委託出版物〉
本書を無断で複写複製（コピー）することは、著作権法上の例外を除き、禁じられています。本書をコピーされる場合は、事前に日本複写権センター（JRRC）の許諾を受けてください。
JRRC〈http://www.jrrc.or.jp/　eメール：info@jrrc.or.jp
電話：03-3401-2382〉